U0541151

中国方言区英语学习者
元音习得类型研究

贾媛 ◎ 著

中国社会科学出版社

图书在版编目（CIP）数据

中国方言区英语学习者元音习得类型研究/贾媛著.—北京：中国社会科学出版社，2019.5（2020.11重印）

ISBN 978-7-5203-5343-4

Ⅰ.①中… Ⅱ.①贾… Ⅲ.①英语—元音—语言学习—研究—中国 Ⅳ.①H319.3

中国版本图书馆 CIP 数据核字（2019）第 247319 号

出 版 人	赵剑英
责任编辑	张　林
特约编辑	张　虎
责任校对	韩海超
责任印制	戴　宽

出　　版	中国社会科学出版社
社　　址	北京鼓楼西大街甲 158 号
邮　　编	100720
网　　址	http://www.csspw.cn
发 行 部	010-84083685
门 市 部	010-84029450
经　　销	新华书店及其他书店
印　　刷	北京明恒达印务有限公司
装　　订	廊坊市广阳区广增装订厂
版　　次	2019 年 5 月第 1 版
印　　次	2020 年 11 月第 2 次印刷

开　　本	710×1000　1/16
印　　张	13.5
插　　页	2
字　　数	171 千字
定　　价	78.00 元

凡购买中国社会科学出版社图书，如有质量问题请与本社营销中心联系调换
电话：010-84083683
版权所有　侵权必究

目　　录

第一章　引言………………………………………………（1）
　第一节　文献回顾………………………………………（5）
　　一　跨语言元音习得研究……………………………（6）
　　二　方言区英语学习者元音习得研究………………（16）
　　三　第三语言语音习得研究…………………………（26）
　　四　小结………………………………………………（28）
　第二节　研究目的和意义………………………………（30）
　第三节　各章介绍………………………………………（35）
　第四节　总结……………………………………………（38）

第二章　研究方法…………………………………………（40）
　第一节　语料库介绍……………………………………（40）
　　一　语料库内容介绍…………………………………（40）
　　二　语料库录制设备及方法…………………………（44）
　第二节　研究对象和语料………………………………（45）
　　一　研究对象…………………………………………（45）
　　二　实验语料…………………………………………（52）
　第三节　数据分析方法…………………………………（53）
　　一　标注软件和标注方法……………………………（53）

二　数据提取方法 ……………………………………………（54）
　　三　数据处理方法 ……………………………………………（55）
　　四　统计分析方法 ……………………………………………（56）
　第四节　理论方法 …………………………………………………（56）
　　一　语言迁移 …………………………………………………（56）
　　二　语音学习模型 ……………………………………………（59）
　　三　第三语言习得理论 ………………………………………（61）
　第五节　总结 ………………………………………………………（62）

第三章　方言区英语学习者元音习得声学研究 ……………（64）
　第一节　官话区英语学习者元音习得研究 ………………………（64）
　　一　北京地区英语学习者元音习得研究 ……………………（64）
　　二　天津地区英语学习者元音习得研究 ……………………（74）
　　三　济南地区英语学习者元音习得研究 ……………………（80）
　　四　大连地区英语学习者元音习得研究 ……………………（88）
　　五　哈尔滨地区英语学习者元音习得研究 …………………（94）
　　六　西安地区英语学习者元音习得研究 ……………………（101）
　　七　镇江地区英语学习者元音习得研究 ……………………（107）
　第二节　吴语区英语学习者元音习得研究 ………………………（114）
　　一　宁波方言背景介绍 ………………………………………（114）
　　二　宁波地区英语学习者元音总体习得 ……………………（116）
　　三　宁波地区英语学习者顶点元音习得 ……………………（119）
　　四　宁波地区英语学习者松紧元音习得 ……………………（121）
　　五　小结 ………………………………………………………（122）
　第三节　晋语区英语学习者元音习得研究 ………………………（123）
　　一　太原方言背景介绍 ………………………………………（123）
　　二　太原地区英语学习者元音总体习得 ……………………（128）

三　太原地区英语学习者顶点元音习得……………………（130）
　　四　太原地区英语学习者松紧元音习得……………………（133）
　　五　小结…………………………………………………………（136）
第四节　湘语区英语学习者元音习得研究………………………（137）
　　一　长沙方言背景介绍……………………………………………（137）
　　二　长沙地区英语学习者元音总体习得……………………（139）
　　三　长沙地区英语学习者顶点元音习得……………………（142）
　　四　长沙地区英语学习者松紧元音习得……………………（144）
　　五　小结…………………………………………………………（146）
第五节　闽语区英语学习者元音习得研究………………………（147）
　　一　福州方言背景介绍……………………………………………（147）
　　二　福州地区英语学习者元音总体习得……………………（149）
　　三　福州地区英语学习者顶点元音习得……………………（150）
　　四　福州地区英语学习者松紧元音习得……………………（152）
　　五　小结…………………………………………………………（153）
第六节　总结…………………………………………………………（154）

第四章　讨论…………………………………………………………（156）
　第一节　官话区英语学习者特色元音习得研究……………（156）
　　一　北京地区英语学习者特色元音习得研究…………………（156）
　　二　天津地区英语学习者特色元音习得研究…………………（158）
　　三　济南地区英语学习者特色元音习得研究…………………（161）
　　四　哈尔滨地区英语学习者特色元音习得研究………………（164）
　　五　大连地区英语学习者特色元音习得研究…………………（166）
　　六　西安地区英语学习者特色元音习得研究…………………（167）
　　七　镇江地区英语学习者特色元音习得研究…………………（169）
　第二节　吴语区英语学习者特色元音习得研究……………（170）

第三节　晋语区英语学习者特色元音习得研究……………（172）
第四节　湘语区英语学习者特色元音习得研究……………（174）
第五节　闽语区英语学习者特色元音习得研究……………（175）
第六节　总结………………………………………………（177）

第五章　总结和展望……………………………………（179）
第一节　研究总结…………………………………………（179）
第二节　研究展望…………………………………………（185）

参考文献……………………………………………………（188）

附录…………………………………………………………（203）

第 一 章

引 言

英语作为世界上使用最广泛的语言,在科研、文化交流及经贸领域的国际合作中,已成为最重要的交流工具。英语作为第二语言的学习过程,主要是对母语(第一语言,L1)的"言语链"的修正和重构,这是一个异常艰巨的过程。在过去的50年中,人们对于研究第二语言(以下简称"二语",L2)的语音习得兴趣不断增长,主要原因在于对外国口音研究与教学必要性认识的加强,以及研究条件的逐渐完善。对语言学习者而言,要想说一门语言必须掌握近100%的语音,但只要掌握50%—90%的语法和1%的词汇就可以(Gimson 1980),而口音也是社会身份的重要标志,即便通过简短的交流,对话者也可根据他们的发音识别其非英语本族语者的身份,甚至确定他们的母语。对教学人员(老师)而言,识别外国口音对二语教学的效果至关重要,而对研究者而言,外国口音是母语对二语影响的直观证据(Munro 2008)。

除了对二语语音研究必要性认识的加强之外,二语语音的技术手段与理论模型也在不断地发展与变化,为二语语音习得研究提供了更加完备的条件和手段。在人工智能背景热潮下,技术的进步改变了研究人员收集和分析数据的流程,完善了教学应用所需的硬件和软件建设,例如高性能计算机的出现,语音分析免费软件的发展以及神经生理学方面更复杂、更安全的技术在语言学领域的普及与应用等。在理论模型和研究内容方面，前人的理论得到了补充和发展，而在相关理论指导下开展的研究也丰富了人们对二语语音影响因素的认识。Lado（1957）提出的对比分析假设（CAH）仍然深刻地影响着二语语音习得研究，并得到了广泛的应用，其基本观点是在二语的使用过程中，学习者的母语可以在二语的语音感知、产出和加工中起到抑制作用，因此对比分析假设预测，二语音系中与母语相似的方面很容易获得，而与母语不同的方面将很难获得。然而，大量研究结果表明，预测二语的语音习得的难点以及解释二语的语音表现，远比直接对母语和二语开展对比分析要复杂，母语在二语语音习得中的作用并不那么直接（Zampini 2008）：一些与母语非常不同的二语语音可能相对容易习得，而与母语类似的二语语音可能比较困难。此外，研究者们基于详细的实验和研究结果，对二语学习者的外国口音进行了研究，发现存在多种因素影响二语的语音习得的难易程度、二语语音的相对准确性，如年龄、标记性、社会因素等，从而增强或抑制母语对二语语音的作用。其中，对于社会因素的讨论包括性别、母语和二语的使用程度、社会认同以及目标语言的多样性等（Edwards 2008）。

英语语音教学与研究已成为许多国家语言教学和研究中不可缺少的部分，这一问题已经引起诸多学者和教育家的重视。为有效提高和促进亚洲地区英语学习者的表达和交流能力，多个研究组织已致力于该问题的研究，主要包括：SLaTE（the ISCA SIG on Speech and Language Technology in Education），LASS（Language and Speech Science of Waseda University）以及 AESOP（Asian English Speech cOrpus Project）。在这些组织中，由日本早稻田大学 Yoshinori Sagisaka 教授组织的 AESOP（Visceglia & Tseng et. al 2009），是专门针对英语发音进行研究的组织，其主要目的是在亚洲多个国家，建立大规模英语学习者语音库,并在此基础上,对不同国家英语学习者的语音特征进行研究,以期发现不同国家英语学习者发音的偏误类型,及其受母语的影响,以研究结果为基础提出提高不同国家学习者英语发音的方法和途径。在中国,有超过 2 亿的英语学习者,但"哑巴英语"和"中式英语"等问题一直困扰着大多数人。根据《国家英语课程标准》要求,我国基础教育阶段英语课程的总体目标是培养学生的综合语言的运用能力。2014 年年底,"外语能力测评体系建设启动会暨中国英语能力等级量表研制总体方案论证会"在京召开,标志着我国正式启动外语能力测评体系建设,教育部宣布将研制中国英语能力等级量表,这意味着英语能力测试将有"国标"。2018 年 4 月,我国首个英语能力测评标准《中国英语能力等级量表》由教育部、国家语言文字工作委员会正式发布。《中国英语能力等级量表》是教育部考试中心根据国务院《关于深化考试招生制度改革的实施意见》中提出的加强"外语能力测评体系建设"的要求,汇集国内外专家力量,开展大量实证调研,历时 3 年多研制而成。《中国英语能力等级量表》是面向我国英语学习者的首个英语能力测评标准。它将学习者的英语能力从低到高划分为"基础、提高和熟练"三个阶段,共设九个等级。量表共有 86 张能力表格,包括 1 张语言能力总表,以及听力理解能力、阅读理解能力、口头表达能力、书面表达能力、组构能力、语用能力、口译能力和笔译能力八个方面的分技能总表,8 张自评表以及 69 张分技能表格。《中国英语能力等级量表》以语言运用为导向,强调语言的使用,关注语言在交流中的作用,引导语言学习者运用语言,强调学以致用。量表描述了"听、说、读、写、译"等各方面能力,尤其增加了"说"和"译"两方面,意味着更加注重对英语实际应用能力的培养。量表就像一把能力标尺,对提升考试质量、推动国内外考试对接、促进多元评价、反馈教学等方面都将发挥积极作用，有利于实现"量同衡"。此外，2019年1月15日，中国教育部考试中心与英国文化教育协会联合发布了中国英语能力等级量表与英国雅思考试的对接研究结果。这标志着中国英语语言能力标准已与国际考试接轨。中国英语能力等级量表共分九个等级，一二级大致对应小学水平，三级对应初中，四级对应高中，五六级对应大学，七级对应英语专业，八九级对应高端外语人才。每个等级在听说读写、翻译、知识策略等方面，都有不同的要求。中国英语能力等级量表与雅思的对接研究主要针对中国英语能力等级量表的第四至第八等级。雅思考试成绩分别按听力、阅读、口语、写作四个技能和总成绩进行报告。每个技能分数及总成绩的等级分为1—9分。具体而言，中国英语能力等级量表四级对应雅思总成绩4.5分，五级对应5.5分，六级对应6分，七级对应7分，八级对应8分。综上所述，国际与国内教学与研究领域越来越重视英语的评测，但也可以发现，对于英语语音的评测缺少客观的打分标准。

如上文所述，多种因素影响二语的语音习得，二语习得研究的重要目标之一是对中介语进行描述，在明确迁移现象的前提下进一步考察共时和历时层面上的影响因素，以及特定因素为何在某个给定阶段优先于其他因素，并探讨迁移的发生条件。尽管针对英语发音已有官方评判标准，但是以客观声学数据为依据的打分标准还没有施行，其主要原因在于，针对中国各个方言区的英语学习者的二语语音的描述相对较少，对于不同方言区的英语学习者的发音偏误类型认识不清，缺乏关于不同方言发音与英语发音之间对应关系的系统研究，因此，研究结果无法得到广泛的应用，这一问题严重制约了客观打分标准的制定。上述问题产生的根本原因，在于汉语内部的方言众多，方言类型与英语类型存在巨大差异，方言区学生的英语发音会不自觉地将其方言（母语）中的音系规则，直接套用到英语的语音系统中去，造成因方言而异的系统性发音错误。目前国内外关于二语口音的研究在被试的语言背景、评价程序等多方面都存在较大差异，在某种程度上导致了不同的研究结果，若能在统一的框架下系统地开展中国各个方言区英语学习者的二语语音习得情况，可对不同地区学习者的表现开展横向比较，针对中国英语学习者的"乡音"，对其"言语链"中的二语习得机制进行研究，挖掘发音偏误产生的原因，对于提高中国英语学习者的发音水平，制定科学的口语发音评测的标准以及高效的教学方案具有重大的理论和现实意义。

在上述研究过程中，不同方言区英语学习者的元音习得研究显得尤为重要，王立非、周丹丹（2004）曾经指出，口语语音与音位特点的研究还是空白。尽管近年来，关于英语音位习得开展的也具有一定的规模，但是针对不同方言区的英语学习者元音习得类型的系统性研究还很缺乏。鉴于上述分析，本研究拟针对中国不同方言区英语学习者的元音开展系统研究，并探索学习者发音与母语以及普通话之间的关联性，从本质上挖掘偏误产生的类型与元音。本研究的开展，对于有针对性的发音矫正规则和策略的制定具有重要的意义。本章将对以往第二语言的习得相关研究进行回顾和梳理，并指出本研究的目的和意义。

第一节　文献回顾

语音、词汇和句法属于语言的重要组成部分，前者作为语言的物质外壳是学习者最先接触到的。然而，"虽然语言教学及外语教学在西方有着悠久的历史，但正式的英语语音教学始于19世纪末期。在欧洲及北美洲，语言学家对英语的语音体系进行过大量、深入的研究，但是语音教学并没有像阅读、写作和词汇教学那样受到语言教学界的足够重视"（罗立胜、张莱湘2002），这种情况在我国同样存在。对词汇和句法的侧重往往使语音在现行的二语教学中游离于语言技能的发展和培养之外，学习者对语音的了解大多停留在"耳听口摹"的层面，缺乏系统认知。因此，在实际运用中形成各种各样的语音偏误，进而影响语言的学习和交际。

其中，在音段层面，与辅音相较，元音的发音机制决定了元音的音质，元音相互之间的区别主要取决于口腔开启的大小和形状、舌在口腔中的不同位置等因素。对这些因素缺乏直观的定位和准确描述的参数，会导致元音的确切发音位置难以直接被感知。在语言的教学实践环节，元音偏误不但具有普遍性，更因为学习者缺乏对问题本质和成因的深入了解而成为矫正的难点。

在下面部分中，将从跨语言元音习得和方言区学习者元音习得两个方面，总结与回顾前人所做的研究，阐述元音习得的研究的特点与现状，指出前期研究存在的不足并对其进行有针对性的改进。

一 跨语言元音习得研究

（一）影响二语元音习得的因素

Flege 和 Bohn（1997）发现，语言经验丰富的非本族语者比相对缺乏经验的非本族语者更能准确地生成和感知英语元音。此外，非本族语者在生成和感知英语元音方面的准确程度，以及他们的英语经验对提高英语元音的习得程度也随着母语（L1）背景的变化而变化。例如，经验丰富和缺乏经验的德语发音人，以及经验丰富和缺乏经验的普通话发音人，都会在英语/i/-/ɪ/发音过程中产生比英语本族语者长得多的持续时间差异[①]。另外，Flege 和 Mackay（1999）探究了经验丰富的意大利本族英语学习者对英语元音的产

[①] 德国人过度的持续时间可能是从 L1 迁移过来的结果，而普通话发音人可能是在学校学到的一种策略。

出和感知。被试的选择主要是基于他们开始学习英语的年龄，以及他们继续使用意大利语的频率。元音产出的准确度通过清晰度测试来评估，英语本族语者会对意大利语者的元音发音进行辨认。元音感知通过分类判别实验来评估，研究发现开始学习英语的时间越晚，产出和感知英语元音的准确度越低。研究的发现与语音学习模型假说一致，早期的双语者会在二语元音中创造出新的范畴。有关二语元音产出和感知相关性的发现同时也与语音学习模型另一个假说相吻合，也就是二语元音产出的准确度受感知准确性的限制。

Cebrian（2006）调查了学习经验以及在二语国家定居时间对非本族语者元音区分的影响，评估有着丰富英语经验的加泰罗尼亚成年人，他们对于英语松紧元音对立的时长和频谱方面的衡量。英语对立是基于元音的音质和时长差异，而加泰罗尼亚语中没有时长对立。对于/i/和/I/的结果表明，学习者比本族语者更加频繁地使用时长，这一结果支持母语中没有时长对立的学习者，他们会依赖于时长对立这一理论。另外，过多依赖于时长这一现象的出现跟二语经验的多寡无关。综上所述，研究结果并没有发现二语经验对元音区分的影响。另外，Scovel（1998）、Birdsong（1992）认为二语习得与年龄也有一定的关系。二语习得中的主要观点认为，二语学习的年龄与目标语发音的习得呈现负相关。这种关系在关键期假说中提出，关键期假说还认为，神经认知的各个方面也同时发生在青春期一开始，导致二语语音习得受阻。

Byers（2012）通过考察美式英语的弱化元音或非中央元音，探索了这种随时间推移语音习得能力下降的倾向，比较了单语者，早期双语者和后期双语者在不同的音系制约环境下，对于元音的弱化。结果正如预期那样，后期的双语者更难发出非中央元音。结果也进一步表明，非中央元音之间的差异度比之前认识的差异性更大，这些细微的差别可能有助于双语者外语语音的感知。此外，也有学者考察了儿童对美式英语的习得与感知问题,其中 Otomo 和 Stoel-Gammon(1992)调查了 6 个 22—30 个月的儿童对美国英语非圆唇元音/i, ɪ, e, ɛ, æ, ɑ/习得的发展模式。被试年龄在 22 个、26 个和 30 个月。结果显示,从整体上来看,/i/和/ɑ/最早习得,/ɪ/和/ɛ/的习得是最不准确的,但随着年龄的增长发音的准确度会随之提高。Ko(2007)研究了儿童说美式英语时元音时长的习得。主要目标是发现儿童是何时、怎样开始发出不同的元音时长。研究从普维顿斯语料库中共摘录 803 项纵向数据进行分析。受试者年龄范围在 11 个月到 4 岁之间。研究发现:(1)儿童在两岁之前就可以控制元音时长;(2)在两岁之前他们也可以从时长上区分松紧元音;(3)受元音后面的发音限制的元音时长习得没有发展的趋势。结果表明,儿童从言语产生的一开始就全面地学习时间参数的语音实现,使其看起来像一个自动化的过程。

(二)跨语言学习者元音产出

Varol(2012)认为二语交流是建立在正确发音基础上的,这样才会使听话人能理解说话人的话语。尽管我们有丰富的词汇量并且熟悉二语的系统结构,但是我们想传达的信息若离开了正确的发音、韵律和语调,是不能被正确表达的。Mirzaei 和 Gowhary(2015)也指出学习二语是建立在先学习其语音系统的基础上的,此外,也不能忽视第一语言(母语)的语音系统对二语发音的影响。他们对 120 位库尔德和波斯的英语学习者进行了研究,将学习者分为基础水平和高级水平两个层次,来识别学习者在习得英语语音系统过程中的语音表现。学习者会朗读一篇由 5 个元音/ɪ, ə, ʊ, ɔ, ʌ/组成的文章,原因在于这些元音有的在库尔德语、有的在波斯语中缺失。研究结果表明基础水平的波斯语者和库尔德语者之间有个十分明显的区别,区别体现在/ə/的发音上。仅有 17% 基础水平的波斯英语学习者能够发出单词 about 的/ə/音,原因在于波斯语中不存在

/ə/音，同波斯英语学习者相比，77%的库尔德发音人能够正确发出/ə/音。但很有趣的是，这个区别在高水平的学习者中并未体现。因此，可以说波斯语者在接受了高熟练程度的学习后，能够学会如何正确发音。

Iverson 和 Evans（2007）认为，具有较大和更复杂的第一语言元音系统（如德语和挪威语）的个体在识别英语元音时比具有较小的第一语言系统（如西班牙语和法语）的个体更准确。Rauber 和 Escudero（2005）指出，巴西葡萄牙语的英语学习者在辨别/ɛ-æ/、/ɔ-ɑ/和/ʊ-u/的区别时存在困难。有人认为这可能是因为他们已经将这些元音分别映射到他们的一语的元音/ɛ/、/a/和/u/中了。此外，类似的研究还包括 Mokari 和 Werner（2017），他们进行了一项实验，通过声学测量和本地听者的判断，来检验阿塞拜疆（AZ）学习者生成标准南方英语（SSBE）元音的准确性。数据表明，/u/和/ʊ/大部分同/i/和/u/混淆，/ʌ/大部分与/ɑ/和/ɒ/混淆，其原因在于阿塞拜疆没有语音时长的区分。

Escudero 和 Simon（2012）研究了母语（L1）的地域差异是否会影响第二语言（L2）的感知。结果表明，在荷兰北部和弗兰德（比利时）的荷兰语中，英语/æ/与/e/经常都会被混淆。Burgos 和 Cucchiarini（2014）研究了 23 名二语为荷兰语的西班牙学习者发音困难的情况。西班牙语中只有/a/、/e/、/i/、/o/、/u/五个元音，而荷兰语中有 15 个元音，包括松紧对立。研究结果表明，西班牙学习者最频繁出错的是元音，尤其是元音时长和高度对立以及前圆唇元音的发音。

Olagbaju 和 Barkana（2010）研究了母语为普通话与母语为印度语的英语学习者的元音生成情况。方法是计算前三个共振峰频率的平均值和标准偏差值，研究目的有助于更好地了解口音变化，并且在语音技术中更好的应用。普通话和印度英语学习者的元音质量是不太好的，研究发现普通话和印度英语学习者对于央元音以及后元音的产出是错误的，也就是说对于这些音的习得不理想。

Kartushina 和 Hervais-Adelman（2016）探究了法国英语学习者在训练前后对与本族语相似的 ɔ（与法语 o 相似）和不相似的俄语中的 i 的发音情况。研究发现，训练后法国发音人在这两个元音发音的准确度和稳定性方面分别提高了 19% 和 37.5%。因此，发音的提高趋向于依赖本族语和非本族语的相似度，这也印证了语音学习模型这一理论，即与本族语不相似的语音习得反而更加容易。

Davis 和 Macneilage（1990）发现尽管被试 14—20 个月大时有过早期的词汇习得，但根据语音转写的证据，其产出的正确元音不到 60%。元音产出倾向和偏误的这一复杂模式与传统的婴儿期牙牙学语的习惯相关性不大，而与词汇结构（单音节和双音节）密切相关，包括双音节词的重音模式，这反映在重读和非重读音节元音相对频率的模式。研究发现辅音和元音是互相依存的，包括在齿龈辅音环境中有高前元音倾向，以及在双音节词中元音重叠和辅音重叠之间的互斥关系。

法语的 /y/ 音[①]在日语和英语中不存在对等音，然而法语 /u/ 的 F1/F2 接近 1000Hz，在日语和英语中存在相似元音，但是语音的实现却同法语 /u/ 不同，日语和英语 /u/ 有着更高的 F2。Flege（1987）研究发现美国发音人相比法语 /u/ 音（相似音），更容易习得法语 /y/ 音（新音）。Kamiyama（2008）的两组学习法语的日本学习者也有同样的趋势。他们测量了日本法语学习者 /y/ 和 /u/ 音的共振峰数值，在第一个 3 人被测小组中，其中两个人 /y/ 的 F2/F3 值较为接近，但没有一个人 /u/ 的 F2 值是低于 1000Hz 的。在包含 50 人，4 种不同类别和水平的第二组中，只有 4 人在讲法语的国家生活过，

---

① 成年男性的 F2/F3 接近 2000Hz。

其中只有一人/u/的 F2 值低于 1000Hz，相反，十几个测试者/y/音的 F2/F3 共振峰值是很接近的。

美国法语学习者很难区分法语元音对/y/ - /u/和/œ/ - /ɔ/。Darcy 和 Dekydtspotter（2012）研究学习者在两个层面上对这些元音对比对的区分情况：语音范畴和词汇表征。研究结果发现，中高级学习者均不能像本族语者一样区分/y/ - /u/和/œ/ - /ɔ/，但总体而言/y/ - /u/的区分情况要好于/œ/ - /ɔ/。在词汇确认任务中，高级法语学习者和本族语者在反应时上并没有明显优于中级学习者，但中级学习者在辨认词汇时，包含/u/或/y/的词汇会促进另一词汇的识别辨认，即/y/ - /u/在词汇表征中无法区别开。因此尽管高级学习者能够在词汇的音系层面区别开/y/ - /u/和/œ/ - /ɔ/，但在语音范畴并没有任何帮助。音系表征和语音范畴间的这种分裂关系对于以往二者间关系的说法提出了挑战，也为我们理解二者关系提出新思路，即从声学到音系的直接映射关系（DMAP）。

Watson 和 Harrington（1998）比较了新西兰（NZE）和澳大利亚英语（AE）单元音和双元音的基本形式，计算了共振峰的频率值并将其标记为元音的目标位置。此研究主要进行了 4 类分析：单元音的 F1/F2 共振峰图；以 HEED 和 WHO'D 为例的元音中的滑动；上升的双元音的共振峰轨迹和下降的双元音的共振峰轨迹。与其他研究一致发现 NZE 和 AE 元音空间的主要差异是 NZE 的 HID 和 HOOD 的集中和降低，以及 NZE 前高元音的提升。双元音的主要区别在于：在 NZE 中，发音人会混淆 HERE/HAIR，而 AE 发音人中不会被混淆。此外，与其他研究相反，他们发现 NZE 发音人的 HEED 和 WHO'D 都有很长时间的滑动，并且滑动的程度与 AE 发音人相似。

Fox 和 Jacewicz（2009）揭示了美语 3 种地区方言（加利福尼亚西北部、俄亥俄中部、威斯康星南部）的元音的动态频谱变化，研究了元音目标（元音60%处）的一系列声学参数，包括在声学元音图里的位置和移动、元音时长、频谱变化量（矢量长度，轨迹长度）、频谱变化率。研究结果表明，共振峰是语音特征的重要参量，但是不同方言中元音内部频谱参数变化各不相同。总的说来，声学元音图里的位置和移动、元音时长、频谱变化的矢量长度、频谱变化率等参数即可有效区别不同方言和频谱变化。

Munro（2015）在母语为美语的发音人和母语为阿拉伯语且在成年学习英语的发音人中，挑选了/bVt/和/bVd/语境下，10个英语元音的产出。在包括元音时长、F1和F2的频率、移动等一系列声学测量下，考虑到几乎每个元音，两组发音人至少在上述一个参数上呈现出差异。5个英语本族语评判了一些阿拉伯发音人的产出，以及两个母语为英语的发音人产出的重音比率。比率数据表明只有少数阿拉伯组的产出被本族语者视为"近似本族语"。当声学测量数据被回归为平均比率时，尽管显著预测在每个元音中变化不同，重音分数和主要的F1值和F2移动相关联。

McAllister（1999）测试了关于L1音系对习得相对的L2音素范畴影响的假设。该假设认为，如果L2的相对范畴基于L1中未利用的语音特征，则难以习得L2的相对范畴。20名美国英语、拉丁美洲西班牙语和爱沙尼亚语的本族语者以及20名母语为瑞典语的对照组进行了产出和感知测试，以评估他们对瑞典长短元音对比的掌握程度。实验结果支持了其假设，表明学习瑞典长短元音对比的成功似乎与L1中持续时间特征的滑动有关。

Tsukada和Birdsong（2005）考察了朝鲜族英语学习者对英语元音的产出和感知情况，进行了为期一年的两组实验。初级阶段实验表明，朝鲜族成年人会使用两个不同的韩元音对英语对立元音对进行分类，而对于其他的元音对的分类则有重叠的现象，这说明了朝鲜学习者很难辨别英语元音对。在后续的两个实验中，朝鲜成年人和居住在北美，居住时间不同的朝鲜儿童（3—5年，4组，每组18人）与年纪相仿的母语者进行比较。在实验2中，发现朝鲜儿童与朝鲜成年人相比，更能准确地辨别英语元音。在实验3中，用图片命名的任务中包含有/i, ɪ, e, ɛ, æ, ɑ, ʌ/的单词，结果表明儿童产出的一些元音要比成年人产出的一些元音听得更清晰。声学分析结果揭示了，朝鲜儿童在元音对立上比朝鲜成年人产出更为显著，但同母语儿童者相比没有差异。

（三）跨语言学习者元音感知

对于二语习得者的范畴感知，研究表明，第二语言音位感知方式，主要通过母语和第二语言语音系统的关系进行预测。目前主要有两种第二语言语音范畴习得模型，一种是感知同化模型PAM（Perceptual Assimilation Model，Best 1994），一种是语音学习模型SLM（Speech Learning Model，Flege 1995）。

Best和Tyler（2007）强调，PAM是不熟悉目标语的母语者对非母语的语音感知模型，通过发音动作与母语音系系统的近似性，可以感知非母语的对立音位。根据对立音位在感知上的相似方式，PAM可对识别表现作出具体预测。对于两个非母语音位，如感知为母语中的两个不同音位时（"双范畴"近似），则辨识度非常好；如感知为母语中同一音位的个例，且优度相当，则辨识度很低（"单范畴"近似）；如感知为母语中同一音位的个例，但优度不同，则辨识度居中（"范畴优度"差异）。除了以上不同的近似程度，还有另一种可能，即对立对的一项或两项未被感知为任何母语音位的个例（"非范畴化"）。PAM预测，范畴—非范畴对立音位的辨识度非常好，但对两个非范畴化音位的区分则取决于每个语音映射至特定母语音位的程度。

Frieda和Walley（2000）考察了英语本族语者中，成人对英语元音/i/的感知和产出之间的联系。首先，受试者用正常和夸张的方式分别发出元音/i/，然后研究者将他们的发音进行一系列的调整，让他们从中选择出最标准的/i/发音。在感知任务中，35个受试者中有24个挑出来自己的发音，其余11个人没有，但实验中仍留下他们的数据以进行比较。与Johnson和Flemming（1993）提出的超空间效应一致，所有的受试者都选择了比他们自己的发音，F1和F2值更极端的发音，即在元音声学空间图中舌位更高更靠前。欧几里得空间图中对感知和产出数据中位置前后和舌位高低的特性的分析表明，夸张的发音比正常发音更接近他们的感知数据，但这仅仅是对比较清楚标准发音的受试者而言的。基于这种个人差异他们讨论了感知和产出之间的联系。

Strange 和 Akahane-Yamada（1998）调查了日语母语者对由4名美国男性发音人产出的11种美国英语元音两组材料的感知同化，这两组材料是引用形式（列表）中的/hVba/双音节和短载体句中的/hVb/音节。日本听者被要求选择与每个美国英语元音最相似的日语元音范畴，并按7分制评定其范畴优度。虽然对于5种日语元音质量（频谱同化模式）同化的总体模式在跨语言语音相似性的基础上部分是可预测的，但是出现过一些意想不到的结果，并且对于11个元音中的4个，频谱同化模式在双音节和句子条件中有所不同。这两套材料在将美国英语长短元音同化为日语长元音（2音节）和短元音（1音节）类别（时间同化模式）方面也存在很大的差异。长的美国英语元音只有在句子语境中产出和呈现时，才被认为类似日语长元音。在第二项研究中，双音节的最后/a/一部分被缩短，将长美国英语元音同化为长日语范畴并没有与最初的双音节条件不同。这表明在句子条件下更显著的美国英语长短元音的时间差异是由于存在更大的韵律语境。对刺激的声学分析表明，部分频谱和时间感知同化模式中的差异，可以解释不同说话者和条件下声学结构（产出差异）的差异。

当前跨语言的语言感知理论认为，非母语因素对于母语范畴的感知同化模式，能预测在学习感知（和产出）非母语音素的难点。Strange 和 Bohn（2005）通过判别分析确定在孤立的 h VC 音节（研究 1）和短句中嵌入的 h VC 音节中产生的德国北部和美国英语元音的跨语言频谱相似性，以检查声学相似性预测感知相似性模式的程度。然后直接评估没有德语经验的美国本族语者听众，对德国北部元音到美国英语元音类别的感知同化。两项研究都表明，美国英语和德国北部元音的声学相似性，并不总能预测感知相似性，特别是对"新"德国北部前圆唇元音和"相似"德国北部前和后中，中低元音。虽然元音持续时间差异不影响感知同化模式，但德国北部和美国英语元音的声学和感知相似性，都随韵律环境的变化而变化。当持续时间和频谱相似性相互矛盾时，英语本族语者听众根据两种韵律语境中的频谱相似性来同化元音。

Strange 和 Weber（2007）研究了言语类型和辅音语境，对非本族语元音的相似和不同的跨语言感知，参与者分别来自德国北部、法国巴黎以及美国纽约。实验结果显示语言内部和跨语言判别分析，揭示了协同发音元音在频谱时间变化中巨大的跨语言差异。与预期结果一致，在区别德国北部元音时元音时长至关重要，然而这对于巴黎元音分类并没有太大作用。在频谱上，德国北部发音人长元音协同发音没有明显变化，而后/低短元音在齿龈音语境有变前/高的趋势。巴黎发音人元音整体上受协同发音影响较大，前后圆唇元音在句子中都偏前，而低元音和中低元音都有变高的趋势。在齿龈音语境中，纽约发音人中高后元音有大幅度偏前的趋势，而中低和低长元音没有明显变化。跨语言判别分析揭示了不同言语类型和辅音语境中的频谱相似或差异能够解释纽约发音人对德语和法语前圆唇元音以及"相似"中高到中低元音的感知。

Evans 和 Alshangiti（2018）调查了沙特阿拉伯本土英语学习者

对英国英语元音和辅音的感知。调查结果表明，阿拉伯语英语学习者对英语塞擦音、高前元音、高后元音和央元音的学习尤为困难。

二 方言区英语学习者元音习得研究

汉语和英语分属汉藏语系和印欧语系，在语音方面存在着较大的差异，母语为汉语的英语学习者的发音，往往因受到汉语方言发音特征的影响而带有某种方言口音，中国的方言区又十分复杂，一般可分为北方方言、吴方言、湘方言、赣方言、客家方言、粤方言和闽方言7个大方言区。以上7大方言在语音、语法、词汇等三方面都存在或多或少的差异，其中尤以语音差异为甚。据统计，语音的不同约占80%（杨伟钧1986）。所以国内的研究考虑到汉语内部方言的多样性以及语音系统的巨大差异性，大部分研究的关注点由普通话对英语学习者元音习得的影响转向了方言对英语学习者元音习得的影响。根据这些文章所采用的研究方法，研究进行分类讨论与分析。

（一）定性研究

定性研究多为音系对比、个人经验总结性论文，方淑珍（1957）的《英语和广州话语音比较分析》可被认为是方言区学习者语音习得领域的首篇论文。20世纪80年代以前也只有方淑珍开展的相关研究，直至80年代末期，杜忠昌（1988）、葛丙辰（1988）、韦雷（1988）等少数研究者才对此进行了研究（翟红华、赵吉玲2015）。邱爱午（2007）依据迁移理论，探讨了山东方言对学生英语发音有负迁移的影响。这对山东方言地区的教师教学和英语学习者有所裨益。苏友（2009）以济南、成都和萍乡方言为例，比较了它们与英语之间不同的语音系统，探究汉语方言对英语语音的迁移作用的表现，并提出改进英语语音的建议。高玉娟（2012）通过田野调查，探究大连话语音对英语语音习得影响的表现，并探讨实际教学和学习中解决方言语音影响的途径，研究发现大连话语音对英语语音习得影响主要表现为负迁移，学生往往用方言中相似的音代替英语标准音。翁美玲（2017）探讨了闽南语对英语语音习得的负迁移并且从教师角度和学生角度提出了提高英语语音水平和克服汉语负迁徙的策略。

（二）定性与定量相结合的研究

定性与定量相结合的研究，多为通过语音测试和问卷调查等方式对方言区英语学习者进行调查并进行分析的论文。乐眉云、凌德祥（1994）对中国各大方言区中学生的英语语音学习状况进行了全面调查与定量分析，探讨了各大方言区学生英语学习的难点及基本规律。他们提出受汉语方言中元音无长短音对立的影响，方言区学生的英语单元音长短音发音区别往往不够明显，即长元音不够长，短元音不够短。对于/i：æ/等英语元音，方言区学生大多由于开口度偏小而造成发音不准确，而对于/e/等元音，他们却经常由于开口度过大而造成发音偏误。此外，方言区学生往往将中后元音/a：/发成前元音，而且相当数量的学生将央元音/ə：/读成后元音。刘世生（1990）发现，受山东方言影响的学生会将/f/、/v/、/w/等辅音后面的长元音/i：/发成双元音/ei/。

陈玢等（2010）针对湖北方言对英语发音的影响进行了研究，发现受试者中有62.9%的学生出现英语元音发音偏误，主要表现为：（1）单元音的长音和对应的短音区分不清；（2）学生倾向于用英语中一个相对容易的音素去代替英语中特有的单元音；（3）学生用方言或普通话中的相似音节代替英语中的单元音。比如：用汉语的[i]"衣"代替英语的前元音/i：/；（4）学生读含有双元音和三元音的单词时，发音不饱满。杨秀娟（2014）通过实证研究，探究东北方言对中国英语学习者，在音素及超音段音位的语音负迁移影响，并提出教学策略，以更好地帮助学生克服方言负迁移造成的语音困难，突破语音障碍，达到有效交际的目的。王玲（2013）通过语音测试和问卷调查等方式，对赣方言区的英语学习者的语音习得进行了实证研究，从实践操作层面探讨了赣方言对英语语音教学产生的负迁移作用以及如何消除负迁移作用的具体措施。田超、武海燕（2017）的研究基于包头3所中学的初中生，采用语音测试题进行测试并录音与保存作为研究的重要语料。研究发现方言对英语语音的负迁移作用比较明显，语音错误的发音和方言的发音非常类似，特别在方言使用比较频繁的地区。郑明中（2010）对四县客家话儿童元音习得进行了研究，通过回答问题、图片或物件命名及复述单字或元音等方式，总共收集了42名一至五岁小孩的语音样本，紧接着进行元音习得顺序与元音发音策略分析。研究的主要发现如下：第一，音节声调类型的不同导致元音习得顺序的差异（舒声音节：[a] > [i, u] > [e] > [o] > [ɨ]，入声音节：[a, i] > [u] > [e, o] > [ɨ]）。第二，儿童所采用的元音发音策略包括介音插入、双元音化及元音替代。另外，分散理论架构下的三个功能性原则彼此竞争的观点，亦可用来解释儿童发舌尖元音时产生不同变体的原因。

（三）声学实验

运用声学实验手段研究方言区学生英语发音问题，是近些年来兴起的一种科学的研究方法。声学实验分析一般基于大规模语料库，借助嗓音起止时间（VOT）、音轨、共振峰、语调模式等声学参数对数据进行分析，能够更有效地揭示辅音发音部位和方法、元音发音的开口度以及轻重音交替等方面的问题，进而针对不同类型的偏误提出更为准确的矫正方法，以利于对实际英语课堂教学提出切实可行的建议。这种研究方法为二语习得研究提供了大量可用于定量分析的实验语音数据，有助于探索二语语音习得中的"正负迁移"特征，促进二语习得理论发展。例如，孟媛（2009）利用声学分析软件Praat，测量天津非英语专业的大学生在非连续语流和连续语流中生成的英语单元音的F1、F2和F3数据。测量后的数据经过处理后，先与所做的英国南部标准发音人的英语单元音的共振峰值对比，再与吴宗济和曹剑芬（1979）所做的汉语普通话单元音的共振峰值对比，对相似音素与相异音素的调查研究，该文得出受试者对于母语没有的音素难以习得，而对于母语中存在的与目的语相似的音素，容易习得，却难以区分其细微差别，最终导致母语内化目的语的现象。姜玉宇（2010）利用河南学生的英语朗读语料、方言朗读语料以及美国学生的英语朗读语料，从声学角度来对比两地学生英语元音/i/、/u/、/æ/、/ɑ/发音的差异以及母语方言对学习者英语发音造成的影响。结果表明河南学生与本族语者的元音发音差异显著，主要是受母语方言负迁移的影响，难习得与方言相似的音。王宇、徐亮等（2017）利用声学语音实验的方法，考查宁波方言区英语学习者11个英语单元音和3个相似元音/a/、/i/、/u/，同宁波方言和宁波普通话的单元音研究比较。此外，研究采用了语音学习模型（SLM）来解释方言和普通话口音造成的错误和差异。研究结果表明，就元音的舌位而言，宁波英语学习者和美国本族语者之间存在系统性的差异，尤其是英语/i/的发音受宁波普通话的影响大，/u/的发音受宁波方言的影响大，这两个结果都可以用语音学习模型来解释。但是宁波英语学习者/ɑ/的发音同本族语者相比，二者发音相似。可以说，在方言区学生学习英语的过程中，方言和普通话都会影响他们的英语元音系统。

（四）基于语料库的研究

20世纪80年代以来，基于语料库的语言学和语言教育研究越来越受到重视。除了国际上一些著名的学习者语料库（如"英语学习者国际语料库"，Granger和Dagneaux 2009）之外，目前国内对该类语料库的建设也已获得较快发展，如王立非和文秋芳（2007）

建立的 SWECCL（Spoken and Written English Corpus of Chinese Learners）语料库，毕冉、陈桦（2013）建立的中国英语学习者纵深口语语料库 LSECCL（Longitudinal Spoken English Corpus of Chinese Learners），陈桦、文秋芳等（2010）建立的中国英语学习者语音库 ESCCL（English Speech Corpus of Chinese Learners），贾媛、李爱军等（2013）建立的中国方言区英语学习者语音库（AESOP—CASS）等。

陈桦、文秋芳等（2010）在《语音研究的新平台——中国英语学习者语音数据库》中推介了一个新的服务于我国英语教学与研究的大型语音数据库，并进行了基于语料库的一系列实验和实证研究。比如陈桦、王馨敏（2015）基于语料库对中国学生英语短语重音特点进行了研究，研究结果不仅在更大数据上验证了现有同类研究的发现，同时也发现了以往小数据样本研究没有发现的新特点。对该领域研究者有很大的示范和启发作用。贾媛、李爱军等（2013）为解决中国英语学习者面临的语音问题，研究提出构建大规模方言区英语学习者语音库"AESOP—CASS"，语音库方言点涵盖中国十大方言区，语料内容包括英语语料、方言语料和方言普通话语料，基于语料库可以对方言区英语学习者语音进行系统研究，将语音学中的参数 VOT、共振峰、语调音系模式等特征用于英语学习者偏误分析，可针对不同方言区学习者提出不同的矫正方法，该语音库的建立对提高中国方言区英语学习者口音问题，具有重要的理论意义和使用价值。

（五）认知语言学与英语教学

Richards（2000）的研究指出语言分析的目的不仅是描写人们的语言行为，而且是解释引起语言行为的心理结构和心理过程，解释语言背后内在的、深层的规律。例如，文秋芳（2015）采用认知比较分析假设（Cognitive Comparison Hypothesis）用于英语教学，她认为如果外语教学只限于语言形式，学习者就会不知不觉地将母语的概念系统强加于所要学习的外语体系上。因此需要使用比较分析，去发现认知过程中的问题。赵晨、董燕萍（2009）探讨了中国英语学习者在句子语境中对歧义词与语境一致词义的激活和与语境不一致词义的抑制过程。研究结果发现，虽然高、低水平受试在句子语境中的歧义消解过程都遵循顺序通达模型，但两者有本质区别：（1）高水平受试的歧义消解过程是自动的，而低水平受试是受控的；（2）高水平受试对无关信息的抑制能力强于低水平受试。吴琼琼、温小欧等（2011）对英语专业和非英语专业的学习者在英语阅读中的眼动进行了对比研究，结果表明英语专业学生针对阅读内容的注视时间和次数及注视点持续时间都少于非英语专业学生。李光泽、董燕萍（2012）考察了语音意识训练对英语学习者词汇认读影响，研究结果指出，语音意识训练明显强化了英语学习者自身的语音意识，语音意识训练明显促进了英语学习者词汇认读水平的提升，不同阅读水平英语学习者都能够从语音意识训练中获益，阅读困难学习者是最大的受益者。

（六）*课堂教学*

建构主义理论（Piaget 1999，Vygotsky 1978，Williams 和 Burden 1997）强调最有效的知识是学习者的自我构建，而不是简单地接受他人传授的现成知识。学习者要从个人经验背景出发，主动建构对客观事物的理解和认识。文秋芳（1995）会指出策略是学习过程中最理想的调控，学习者在策略上的不同导致他们在学习效果上的明显差异。建构主义理论也强调学习者主体性，其认知基础、文化背景、语言习惯会支持或限制他们对新知识的理解和内化过程，不同学习者对于知识构建的结果是有差别的。文秋芳（1996）提倡评价和调控必须联系在一起，否则评价就失去了价值。该课题的策略调控着重以学生为中心，教师为辅助的模式，鼓励学生根据评测和反馈意见，学会认识问题、解决问题和归纳问题，并在此过程中构建自己的知识体系；而教师则作为辅助和支持者，了解学生的情况，针对学生反映出的具体需求。文秋芳、胡健（2010）连续四年跟踪同一批英语专业大学生的口语发展情况，其中采用 56 名中国学生（男生 11 人，女生 45 人）和 16 名美国大学生（男生 11 人，女生 4 人）的口语语料进行数据对比分析。针对中国学生在 4 年学习中语音能力的变化，该研究通过 14 名学生的朗读短文语料，分析得出学习者在元音发音上的错误占总错误的 45.82%，辅音错误占 30.39%，音素的增删错误 23.78%。经过四年的英语专业学习和训练，学习者在音段方面的错误有了明显的下降，原因在于学生主动意识到了音段的错误，并作出了积极的纠正练习。在超音段层面，学习者对简单陈述句、句首带有副词的陈述句调群切分较准确，而对列举句式的调群切分掌握不稳定；学生对英语句子中的调核信息仍不明确，不清楚调核和焦点信息的对应关系，经常把调核放置在虚词或不需要重音凸显的位置上，学生在经过 4 年学习后，在句子中的"多重音"模式比例显著减少，但学生在陈述句中的无标记调核比例总体还明显高于有标记的调核比例。学习者在产出连续语流时，受汉语母语影响的"音节节拍式"节奏模式仍较明显，学生普遍对于元音的约减幅度不大，学生在二年级时和英语本族语者的节奏模式相对接近，但在四年级时，节奏模式却相对本族语者相差最远。在针对学习者总体口语产出能力上的发展变化，该研究考察了 56 名学习者在口头作文和角色扮演中的语言流利性、复杂性、多样性和准确性上的发展模式。在流利性的测量方面，通过计算学生在规定时间内产出的单词数、T 单位频次、子句频次和从句频次，分析得出学生的流利性从 1—2 年级的无变化，到从 2—4 年级中的连续上升规律。在语言复杂性上，根据测量在句法上的 3 个指标，即 T 单位长度、子句长度、子句频次，和词汇上的 3 级词汇百分比，总结出学生在 4 年学习中在语言复杂性上的总体稳步上升特点。对于语言多样性的判断，主要针对学生词汇多样性的计算，研究发现学生在 4 年期间的词汇量一直在增长，在 1—2 年级期间词汇的增长速度居中，而在 2—3 年级的词汇增幅度最大，在 3—4 年级的词汇增幅度最小。在语言准确性上，根据对学生在语法一致性和句法准确性上的统计计算，发现学生在语言准确性的发展结果最不尽人意，学生在 4 年期间的语言准确率进步不稳定，4 年级的终点水平为语法一致性准确率 91%，句法准确率只有 65%。

（七）计算机辅助评测和教学系统

在移动互联网的应用中，大规模口语测试和评估技术必不可少，可以有效解决目前语言教学和大规模口语测试中的实际问题，并有助于学习者和教师的共同改进和提高。国内的英语辅助教学评测系统起步较晚，但是已经出现一些商用系统。但是主推的还是评测，特别是对音段偏误的诊断，超音段的诊断还局限在流利度的诊断，而对于语调、重音等韵律特征的诊断还处于研究阶段。例如：李宏言、黄申等（2010）基于 GMM-UBM 和 GLDS-SVM 的英文发音错误检测方法，对学习者进行自我校对，并纠正发音错误；黄申、李宏言等（2011）对英语口语超音段层次的诊断研究；刘希瑞（2012）介绍了 Eyespeak 软件在二语语音学习中的实践应用，该软件能对学生的语音、语调、节奏等方面提供分析和评测，并通过软件自动生成的语音信息以及语图中的声学信息提供反馈报告，使教师和学生能及时了解语音的发音问题，改进发音策略。现在的口语自动评测及诊断服务系统（Computer Assisted Language Learning, CALL）以及语音训练系统（Computer Assisted Pronunciation Training, CAPT）是集合了语音识别、语音合成、英语教学、心理学等高精尖技术客观评测和教学系统，它通过对考试者的语音进行数字化处理，利用网络将数字化后的语音传输到考试服务器上进行分析对比，对考试者实际口语听说能力进行评估。

值得我们注意的是，以上大部分的研究都是以方言为第一语言，以英语为第二方言为理论基础进行研究的，但忽略了普通话和方言共同的影响。近年来，有些研究以方言为第一语言，普通话为第二语言，英语为第三语言，考虑到方言与普通话的共同影响来研究英语语音的习得。通过相关文献梳理，发现研究者们认为第三语言习得发展是非线性的，因受到两种或以上的语言影响，三语学习者的认知系统有别于单语者及双语者，客观的语言距离及学习者的心理语言距离有可能促进或阻碍学习者的三语学习过程。查爱霞（2007）运用迁移理论，论述了普通话和方言在英语学习过程中对英语语音的迁移作用，既有正迁移，也有负迁移，提出教师应该根据不同的情况，区别对待母语的迁移作用，但是其文章没有具体考虑到迁移作用是来自方言还是普通话，或是二者的共同作用。Wen 和 Jia（2016）考虑到普通话和方言的综合作用，对长沙英语学习者的三个顶点元音进行了研究，结果表明：长沙英语学习者产出的英语元音/i/和/a/与美国人相比有明显不同。具体而言，/i/更受普通话的影响，而/a/更受长沙方言的影响。二者都可用语音学习模型来解释。此外，由于受到长沙方言和普通话的影响，长沙英语学习者生成元音的时长短，但是还是能区分松紧音/i/－/I/、/u/－/ʊ/对立。

英语教学在中国很多地区都已推广实施，然而少数民族地区的英语语音学习依然面临着英语教学质量问题和语音生成可懂度的问题。在语音学习模型（SLM）的框架下，Feng（2015）的研究从探索绝大多数学生第一语言和第二语言，对第三语言元音系统的语音迁移的目的出发，从语料库中选取了 10 名拉萨学生（5 男 5 女）汉语、英语和藏语的语音产出，探讨了他们在连续讲英语时的元音空间特征。拉萨发音人的英语和藏语之间的欧氏距离，以及拉萨发音人的英语和汉语之间的欧氏距离，揭示了藏语（第一语言）和汉语（第二语言）对英语（第三语言）存在语音迁移。结果还说明了拉萨发音人生成的不标准的英语元音受到第一语言和第二语言中的相似音的影响很大。拉萨学生的英语元音/a/、/i/、/ɪ/受藏语（第一语言）中相似音的影响大，拉萨学生的英语元音/u/和/ʊ/则受到汉语（第二语言）中相似音的影响大。除此之外，西藏女性发音人的英语元音/ɜ/受到汉语中相似音的影响大。研究说明了当西藏发音人学习英语时，似乎会受到来自部分第一语言和第二语言的干扰。因此，在绝大多数英语学习者学习第三语言元音的过程中，都会受到第一语言和第二语言的影响。

除此之外，近年来也有一些研究针对普通话或方言对英语语音习得的影响进行类型学的比较，如 Jia 和 Wang（2017）对官话区的 4 城市（北京、西安、济南和哈尔滨）英语学习者的元音习得进行了类型学的比较，发现在所有 4 种方言的英语学习者与标准美音之间，舌位存在很大的差异。具体来说，/i/、/u/和/a/受北京和西安方言影响，这可以通过语音学习模型（SLM）解释。另一方面，由济南和哈尔滨英语学习者发的/u/与标准美音相比没有显著性差异。因此，对于二语学习者来说，官话地区的 4 种方言都会影响学习者的二语元音系统。Yin 和 Jia（2012）对山东方言区内部 3 个城市（济南、淄博和聊城）英语学习者的 4 个前元音的习得进行了研究，发现山东英语学习者习得的/i/和/æ/好于/ɪ/和/ɛ/，他们采用山东方言中的/i/和/ɛ/来替代英语元音/ɪ/和/ɛ/，这说明山东方言对/i/的习得产生了正迁移作用，对/ɪ/和/ɛ/的习得产生了负迁移的作用。

综观汉语方言对英语元音习得影响研究，尽管取得了一定积累和进步，但也存在一些不容小觑的问题。该领域的研究以描述性研究为主，仅音系对比、教学经验和个人感受类论文就占了相当大的比例，在检索到的相关论文中，许多论文题目类同，这些文章的内容大同小异，很难找到创新点。虽然近十几年相关实证研究数量呈上升趋势，定量研究、定性研究和定量定性相结合研究的数量也有所增长，但运用声学实验或是基于语料库进行科学论证的研究却始终占相对较少的比例。这些问题之所以会产生，我们认为首要原因是英语语音无论是在教学中，还是在研究中都未得到充分重视。

三　第三语言语音习得研究

目前，第三语言（以下简称"三语"）语音习得在国际上受到了越来越多的关注。Marxa 和 Mehlhorn（2010）认为，多语学习者与单语者相比，拥有更大的语音与音系参数库，并且具有更高的元语言意识和音系知识。考虑到认知灵活程度会随着学习经验的增长而提高，多语学习者或许可以习得更多的外语发音。在此基础上，他们探讨了英语作为二语和德语作为三语之间的语音相似性，并认为这些相似性可以导致英语对德语学习的正迁移，因此具有一定的教学意义。最后，他们提出了进一步研究三语语音的必要性，尤其是在二语和三语之间的联系比母语更紧密的情况下。Amardo 和 Rothman（2010）则为三语习得这个新领域提供了认识论和理论贡献，展示了三语习得研究如何为二语习得研究中的长期争论提供独特的研究视角。他们提出了语音渗透说，认为考察三语音系的发展及其对先前获得的二语音系的影响，可以为后关键期成人语言学习者心理表征的探讨提供更多信息。在此基础上，他们详细介绍了一种方法，并将该方法应用于研究习得巴西葡萄牙语对关键期之前和之后所习得的西班牙语音系统的影响。

就元音习得而言，Lipińska（2015）考察了母语为波兰语、二语为英语的德语学习者是否能区分三语中的新元音和与其相似的母语、二语元音。该研究侧重考察德语元音/œ/，因为它对母语为波兰语的德语学习者来说特别困难，常被其他元音替代。结果表明，学习者在区分母语、二语和三语元音时确实遇到了困难，正如言语学习模型所预测，与波兰语中/u/以及英语中/u:/相似的德语/œ/几乎完全被归入母语、二语中相似元音的范畴。上述结果可能由新、旧元音范畴在感知上的相似性，拼写形式的相似性，以及语音训练的不足导致。该研究结果为三语元音产出和母语、二语的互相影响提供了新的研究视角。Gut（2010）调查了跨语言因素对三语学习者元音弱化程度以及节奏的影响。该研究以四类三语学习者作为考察对象，他们的二语、三语分别是德语和英语，母语各异。结果表明，三语学习者的元音弱化程度以及言语节奏与母语使用者有明显差异，但并没有提供关于母语对二语、三语韵律模式的影响的决定性证据。此外，三语本身的音系特点也会对学习者的三语产出造成重要影响。Missaglia（2010）关注了德语与意大利语双语婴儿习得英语元音的情况，将婴儿双语者的德语和意大利元音进行语音分析，并与英语中的目标元音进行比较。其中学习者的二语在类型上与三语更接近，因此该结果可用于进一步讨论，一种已掌握的日耳曼语能力是否能扩展至另一种日耳曼语、构成其语音习得迁移的基础。其研究主要在以下框架下展开：首先，考虑到欧盟的语言多元化及其教育、语言政策，考察了英语在欧洲作为第三语言的学习状况；其次，基于学习者的心理语言学特点，探讨了年龄在三语语音习得中的作用；最后，在对比分析的理论框架下，分析了德语、意大利语和英语语音与音系之间的差异和相似之处。

在此背景下，国内学者也对第三语言的语音习得情况展开了一系列探讨，其中最常讨论的母语是少数民族语，二语是汉语，三语是英语。曹艳春、徐世昌（2014）基于语音实验和统计分析，在语音格局的框架下对维吾尔族双语大学生在学习英语中元音[ɑ]、[i]、[u]的发音特点进行研究。研究发现，学习者的母语、二语都能对三语语音产生迁移作用,母语对三语的迁移作用大于二语对三语的迁移作用,迁移作用的大小与三种语言间的元音距离有关。李进(2016)基于语言迁移理论、新语言迁移理论和对比分析理论,采用实验语音学的方法,考察了维吾尔族民考汉学生二语汉语,其对三语英语元音学习的迁移作用。他选择了两类群体作为考察对象:维吾尔族民考汉学生在学校教育过程中长期使用汉语,使用汉语考试,因此三语英语学习可能同时受到维语和汉语两种语言的影响;而维吾尔族民考民学生(主要是少数民族学生报考运用本民族语言文字授课的专业)在学校利用维语学习,使用维语考试,受到的汉语影响可能相对较少。为了验证二语汉语对三语英语是否存在元音迁移,同样对20名民考民学生的英语和维语进行分析。实验结果表明,民考汉和民考民学生英语元音发音不一致,存在二语汉语对三语英语语音习得的迁移现象。欧亚丽、刘承宇(2009)以语言类型学和语言距离为理论基础,采用访谈与语言产出实验相结合的研究方法,分析了英语专业蒙古族学生英语语音学习中的跨语言影响及其成因。研究表明,学习者感知的心理语言距离的影响超过了客观的语言类型距离的影响,心理语言距离只在第二语言和第三语言的关联中才有显著作用,第二语言地位在三语习得的语音迁移过程中决定源语言的选择。

四 小结

上文从跨语言元音习得、方言区学习者元音习得、第三语言语音习得研究三个方面,对前人所做的研究进行了总结和回顾,指出了有关元音习得研究的特点与现状。

跨语言元音习得研究包括影响二语元音习得因素的研究、跨语言学习者元音产出研究、跨语言学习者元音感知研究。影响二语元音习得因素的研究指出,非本族语者母语背景影响他们生成和感知英语元音的准确程度以及对英语元音的习得程度；二语学习的年龄影响目标语发音的习得，即学习时间越晚，产出和感知元音的准确度越低；而二语经验不影响元音区分。跨语言学习者元音产出的研究指出，二语中的交流以正确发音为基础；一语的语音系统对二语发音存在影响；发音的提高趋向于依赖本族语和非本族语的相似度，与本族语不相似的语音习得反而更加容易。跨语言学习者元音感知的研究指出，目前主要有两种第二语言语音范畴习得模型，一种是感知同化模型 PAM，一种是语音学习模型 SLM。前者 PAM 是不熟悉目标语的母语者对非母语的语音感知模型。后者 SLM 语音学习模型包括以下两个假说，早期的双语者会在二语元音中创造出新的范畴，二语学习者的元音产出准确度受感知准确性的限制。

方言区英语学习者元音习得研究包括定性研究、定性与定量相结合的研究、声学实验、基于语料库的研究、认知语言学与英语教学、课堂教学、计算机辅助评测和教学系统。定性研究列举了粤语、闽南语、山东话、大连话等方言对方言区学习者英语发音的迁移研究。定性与定量相结合的研究举例各个方言区英语者的元音偏误，学习者经常出现以下英语元音发音偏误：单元音的长音和对应的短音区分不清；学习者用方言或普通话中的相似音节代替英语中的单元音等。相关声学实验研究指出受试者受母语方言负迁移的影响，对于本母语没有的音素难以习得，而对于母语中存在的与目的语相似的音素，容易习得，却难以区分其细微差别。且方言区学习者英语元音系统受方言和普通话影响。基于语料库的研究介绍了多个英语学习者语料库，如 SWECCL、中国英语学习者纵深口语语料库 LSECCL、中国英语学习者语音库 ESCCL、中国方言区英语学习者语音库（AESOP—CASS）等。认知语言学与英语教学相结合的研究发现包括：高、低水平的中国英语学习者在句子语境中的歧义消解过程存在不同；语音意识训练促进了英语学习者词汇认读水平的提升，强化了英语学习者自身的语音意识。课堂教学研究以学生为中心连续 4 年跟踪同一批英语专业大学生的口语发展情况文秋芳、胡建（2010），计算机辅助评测和教学系列举了相关研究成果：李宏言、黄申等（2010）。

部分三语语音习得是以方言为第一语言，普通话为第二语言，英语为第三语言，方言与普通话的共同影响来研究英语语音的习得。三语语音习得研究回顾了普通话和各个方言对英语语音的迁移作用，少数民族语言对英语语音的迁移作用，包括长沙英语学习者产出的英语元音/i/更受普通话的影响，/a/更受长沙方言的影响（Wen 和 Jia 2016）；官话区的 4 个城市英语学习者产出的/i/，/u/和/a/受普通话和西安方言影响，而济南和哈尔滨英语学习者产出的/u/与标准美音相比没有显著性差异（Jia 和 Wang 2017）；拉萨英语学习者产出的英语元音/a/、/i/、/ɪ/受藏语影响大，/u/和/ʊ/则受到汉语的影响大（Feng 2015）等。

上文也指出了目前研究存在的不足，指出大多研究都是以方言为第一语言，以英语为第二方言为理论基础进行研究的，忽略了普通话和方言共同的影响。相当大比例的研究以描述性研究为主，而少量研究是基于语料库的声学实验研究。

第二节　研究目的和意义

尽管研究领域各不相同，但以往关于英语学习者口音问题的研究，其目的均是为了提高中国英语学习者的发音水平，该问题的研究也取得了一些成效，但整体来看，针对方言区英语学习者的研究在某些方面仍显薄弱，主要体现在以下几个方面。

（1）尽管多个研究领域对英语学习者口音问题均有探讨，但研究方法和手段较为单一，如在课堂教学方面研究常采用调查问卷法，定性研究方面多是研究者对其自身教学经验的分析与总结，同时调查问卷获得的数据，主要是基于被调查者对自身发音情况的主观判断，这些都使研究结果不可避免地带有一定的主观色彩，无法有效地保证研究结果的普遍性与推广性，据此提出的英语学习矫正和训练策略，只能就特定的英语学习者某一方面的发音和学习问题进行改进，对于整体的发音水平提高效果并不显著。因此，英语语音研究缺乏综合性的研究，即缺乏将二语习得、语料库语言学与语音研究整合在一起的跨领域的综合性研究。

（2）缺乏面向中国所有方言区英语学习者发音的大规模语音库以及系统性研究，尽管以往英语语料库对英语学习者英语提高具有重要意义，但是缺乏面向方言区英语学习者大规模语音库，为不同方言区英语学习者发音分析提供可进行对比的数据平台，并基于语音学的标注（音段国际音标转写），在对比英语语音系统、方言语音系统以及普通话音系系统差异基础上，对不同方言区英语学习者的音段进行研究，并在此基础上，归纳和总结因方言而异的音段发音偏误。

（3）关于方言在英语学习中的迁移研究尚不够全面。Odlin（1989）曾指出，迁移在不同的语言使用领域表现程度并不相同，迁移对语音与音系更具影响力，而词法、句法和语篇层面由于受普遍语法的制约而与迁移的作用相比较小。因此，在进行英语发音问题研究时，母语的迁移问题不可忽视，需要对方言进行详细的分区，对发音问题开展因方言而异的研究。

（4）心理语言学角度对英语学习机制的分析大多集中在阅读和理解等问题，而对于英语发音偏误的心理机制研究目前还很少涉及。以往研究曾指出，语言距离是影响语言迁移的一个不可忽视的因素（Kellerman 1977），一种是客观上的语言距离，即两种语言的实际差异，一种是学习者心理觉察到的语言距离。客观上，源语言和目标语之间的语言距离越小，学习者越容易产生源语向目标语的正迁移。因此，在方言区英语学习者发音机制的研究上，需要在对比方言、普通话和英语音位系统的差异，才能全面归纳和总结发音的偏误的产生原因，前期的研究在这一角度还很少涉及。

（5）关于方言与普通话在英语学习中的共同迁移作用的相关研究仍有待丰富。随着普通话的推广与普及，方言区英语学习者通常是在先掌握了自身方言母语，并在此基础上学习了普通话之后，再学习英语。因此，英语对于方言区学习者来说，往往是作为第三语言学习的。然而，将英语视为方言区英语学习者第三语言习得的研究，仍然涉及不多。在国际上，第二语言习得研究的不断深入，促使了研究者越来越关注第三语言的习得过程。通过回顾现有的第三语言习得研究，我们发现国内研究者虽然也从跨语言影响力方面，考察了国内的第三语言习得情况，但多数研究都只是处于起步阶段，主要是针对中国少数民族学生的三语习得，尽管也有研究考察了汉语母语者的三语习得情况，但主要是将双语专业的学生作为研究对象，考察他们对第二外语的习得情况。真正将学习者的方言与普通话作为其第一和第二语言，英语作为其第三语言的研究较少。然而，方言普通话对学习者习得英语的影响又是不容忽视的，因此，为了弥补现有研究的空白，本书以第三语言习得为视角，针对不同方言区的学习者，研究其方言、方言普通话对英语学习者元音习得的交互作用，从本质上揭示中国学生发音偏误的声学机制与内在动因，进而提出针对性的改进建议，为现有的语言水平测评量表提供客观参考标准。

鉴于以上分析，本书将针对不同方言区英语学习者的发音进行跨领域的系统性研究，在构建大规模方言区英语学习者语音库的基础上，采用二语习得、语音学以及语料库语言学相结合的研究方法，考察方言区英语学习者的元音语音偏误类型，以及与母语方言和普通话的关联性特征，采用二语习得、三语习得相关理论，对不同方言区英语学习者的元音偏误产生进行分析，从根本上解析偏误产生的机制以及与母语和普通话之间的对应关系。具体而言，本书拟在 AESOP 组织指引下，构建 AESOP-CASS 大型中国方言区英语学习者语音库，建立适用于该语音库的音段（国际音标描写）标注系统，并在对比方言语音系统和英语语音系统差异的基础上，采用语音分析手段，系统地归纳出不同方言区英语学习者的元音的偏误类型。在研究过程中，将学习者的母语方言作为第一语言，普通话作为第二语言，英语作为第三语言进行考察。采用语言习得相关理论对元音偏误产生的机制进行分析。本书中，将北京、天津、济南、大连、哈尔滨、西安、镇江、宁波、太原、长沙和福州作为目标城市进行研究。这些城市在方言分区上属于官话区、吴语和湘语区。在中国属于经济较发达地区，英语教学开展较系统和规律。该研究的理论意义和应用价值主要体现在：

（1）构建国内首个大规模方言区英语学习者语音库，该语音库是一个综合性的大规模语音库，涵盖了中国十大方言区中具有代表性城市的英语学习者语料，语料包括标准英语语料、方言语料以及方言普通话语料，同时各部分语料均包含了词、句子、篇章等朗读语料。基于该语音库，不仅可以开展大规模的方言英语语音音段和超音段习得研究，还可以开展方言语音研究以及方言普通话语音研究，研究不同方言区学习者的母语方言对其习得普通话产生的影响，方言与方言普通话对习得英语的共同作用，全面考察学习者对英语音段特征，如单元音、双元音、辅音等，以及对英语超音段特征，如词重音、句重音、停顿、发音时长等的习得情况，这将有助于充分揭示"中国腔"的发音本质，为日后开展不同母语背景的学习者习得英语的对比研究提供大规模数据支持。

（2）建立针对中国方言区英语学习者特色标注系统，该标注系统主要针对的是不同方言区英语学习者发音，通过标注语音数据可以更直观地反映方言区英语学习者的语音偏误，为二语语音研究提供丰富的语音资源。以往关于英语发音问题的研究，多数研究者仅依据听感来归纳发音人的发音特点，由于受调查对象和调查手段的限制，研究结果的覆盖面往往较窄，系统性也通常不够。而基于大规模方言语音库的标注，可以有效地提高研究的深度和广度，对英语语音研究具有重要的参考价值。

（3）基于大规模语音库的英语学习者元音特征的语音分析，根据收集的语料，可以将不同方言区发音人的元音的发音，与标准英语发音人的发音特征进行系统地对比，将语音研究中的声学参数应用于分析，研究结果可以更有效地反映发音人在元音发音的前后与开口度等方面的问题，最终针对不同类型的偏误，提出准确的矫正方法，并制定个性化的学习方案。

（4）母语方言对英语发音影响的探索，考察不同方言音系对英语发音的影响，从本质上探索二语语音习得中的"迁移"特征，研究结果将对科学制定口语能力评测和训练方案提供理论支持，具有重要的理论价值。以往二语习得研究中的参考实例大多直接来源于课堂教学，其数据量往往有限，该研究中所建立的方言区英语学习者语料库，可以为二语习得研究提供大规模的语音数据，以及可供定量分析的数据源，并为探索二语的语音习得中的"正迁移"和"负迁移"特征，以及二语习得理论的发展，提供更丰富的证据。

（5）本书从第三语言习得的角度考察中国方言区学习者的方言、方言普通话对其习得英语单元音的相互作用。这丰富了国内现有的第三语言习得研究，以往的三语习得研究多针对少数民族学习者以及双语学习者，缺少从三语角度对汉语母语者的考察。但少数民族学习者以及双语学习者在国内所占的比例要远远少于汉语母语者，汉语母语者英语习得中存在的问题又远未得到充分解决。因而从三语角度开展研究，针对不同方言区的学习者提出具有针对性的改进建议将有更广阔的应用前景与价值。

（6）本书是一个结合了语言学、语音学、计算机科学的综合性研究。本书在大数据基础上，对不同方言区英语学习者元音习得进行分析，研究结果具有重要的推广意义，所获得的大规模音段特征数据可以应用于言语工程领域，为其提供相应的数据支持。

第三节　各章介绍

本书主要分为五个章节，其中第一章为引言部分，从跨语言元音习得研究和方言区英语学习者元音习得研究两个方面，对前人元音习得的研究进行了全面、系统的梳理和总结，其中，跨语言元音习得研究方面，前人分别从影响二语元音习得的因素、跨语言学习者元音产出、跨语言学习者元音感知等角度进行了研究。方言区学习者元音习得研究方面，前人开展的研究主要包括：定性研究，以音系对比分析为主；定性与定量相结合的研究，主要通过采取语音测试与调查问卷的方式开展相关研究；声学实验研究，主要借助声学参数，如嗓音起止时间（VOT）、音轨、共振峰等对数据进行分析，针对不同类型的发音偏误提出矫正方法；还有基于语料库、认知语言学与英语教学，课堂教学、计算机辅助评测和教学系统的相关研究。通过回顾分析有关元音习得的研究，本书揭示了已有研究的特点与现状，这有助于发现已有研究存在的不足，并对其进行有针对性的改进。此外，在归纳其共性，总结其优势的基础上，本研究构建了大规模方言区英语学习者语音库，利用实验语音学的方法，从单元音的习得入手，对方言区英语学习者的元音产出进行声学分析，挖掘方言和普通话对英语习得的影响，并以此为依据为方言区的英语学习者提供单元音习得的有效性措施与建议。

第二章介绍了主要研究方法，主要包括语料库介绍、研究对象介绍，数据分析方法介绍、理论方法介绍四个方面。首先，本研究的语料来自于贾媛、李爱军等（2013）构建的大规模方言区英语学习者语音库"AESOP—CASS"，本章的第一节对该语料库进行了详细介绍，包括方言区的选取、发音人的选取以及语音库录制设备与方法。其次，本章的第二节介绍了本研究选取的研究对象和语料。在此基础上，研究对所选语料进行了标注，本章的第三节则介绍了数据分析方法，包括语料标注软件与标注方法、数据提取与处理方法、统计分析方法。其中，语料标注软件为 Praat 语音分析软件、借助 Praat 脚本提取标注单词的元音稳定段的第一共振峰（F1）、第二共振峰（F2）值。但是由于发音人与发音人之间存在极大的个体差异，为了消除个体差异，本书对数据进行了归一化处理。研究还对归一化处理后的数据进行了统计学检验，以验证方言区英语学习者与本族语者产出的英语元音是否存在显著差异。最后，本章的第四节对本书依据的理论方法进行了系统介绍，本书所依据的主要理论为 Flege（1995）提出的语言学习模型理论（Speech Learning Model，SLM）理论和 Lado 的迁移理论。

第三章探讨了各个方言区英语学习者元音习得声学研究，本书选取了官话区、吴语区、晋语区、湘语区和闽语区具有代表性的方言城市，包括北京、天津、济南、大连、哈尔滨、西安、镇江、宁波、太原、长沙、福州 11 个城市，分别考察了相应方言区学习者对英语单元音/i/、/ɪ/、/ɛ/、/æ/、/ɝ/、/u/、/ʊ/、/ʌ/、/ɔ/、/ɑ/总体的习得情况，在此基础上具体考察了学习者对顶点元音、松紧元音的习得情况。在本章，我们分别对各个方言点进行了详细介绍，这一部分主要包括地理位置介绍，方言背景介绍，方言、普通话和美语音系与语音系统对比。然后考察了方言区英语学习者和本族语者产出元音的总体分布情况，并进行了对比研究，对其共同点和差异性有一个总体和系统的介绍；接着对比研究了方言区英语学习者与标母语者产出的/i/，/u/，/a/这三个顶点元音，在对比过程中，本章将英语视为学习者的第三语言，而方言与方言普通话作为其习得的第一、第二语言，从三语的角度分别计算了方言区英语学习者产出的顶元音与标准美语母语者产出顶点元音的马氏距离、与方言普通话顶点元音的马氏距离，以及与其方言顶点元音的马氏距离，以此来揭示方言区英语学习者方言、方言普通话对其习得英语元音的共同影响。最后，由于标准美音元音系统中存在松紧元音的对立，而普通话与方言音系系统中没有，所以本章也考察了方言区英语学习者对松紧元音的习得情况，方法是通过马氏距离的计算，将学习者产出的松紧元音同母语者进行对比，同时，还对比分析了学习者产出的松紧元音与母语者在时长上的差异，以分析其是否能准确地产出相应元音，在产出过程中受到的影响因素以及存在的偏误。

第四章是在第三章研究的基础上，通过讨论进一步对比方言区和标准美音的元音系统。Flege（1995）的语言学习模型根据母语和二语在语音上相似度的不同，将学习者习得第二语言语音的难度等级分为四等：母语非常相似的语音、与母语有微小频谱差异的语音、是母语语音的一个音位变体、母语中没有的语音。因此，研究针对不同方言区的学习者，分别将其方言音系与标准美语的音系进行对比，以此来确定对特定方言区学习者而言，标准美语音系中与其母语相似的语音，或者标准美语音系中具有其母语音系中没有的语音，前者划分为相似元音，后者为特色元音，进而分别探讨学习者对相似元音和特色元音的总体习得情况，这有助于对现有的语言学习模型进行验证与丰富。此外，语言迁移一直是二语习得研究中非常重视的现象，本章同样借助于马氏距离，分别考察了不同方言区英语学习者产出的相似元音、特色元音与标准美语母语者产出元音的马氏距离，学习者产出的相似元音与其方言相似的元音的马氏距离、与其方言普通话相似的元音的马氏距离，更加深入地揭示了方言与普通话对英语学习者英语元音产出的迁移影响。

第五章对本研究的主要发现进行了总结和展望，梳理了各部分的主要内容，总结了本书的发现、意义。本次研究既对前人的部分结论进行了检验和修正，又对此前方言区英语学习者元音习得尚未涉足的领域有了进一步的深化。不但在理论上有所创新和深化，还可以对方言区英语学习者的元音习得提出切实可行的建议。但本书在未来仍有值得扩展的方向，即进一步考察方言区英语学习者对超音段的词重音、语调等韵律特征的习得情况，并借助眼动技术等新的研究手段，考察学习者产出与感知之间的相互关系。

第四节　总结

文献回顾从跨语言元音习得、方言区学习者元音习得、三语语音习得研究三个方面，对前人所做的研究进行了总结和回顾，系统介绍了元音习得研究的特点与现状。跨语言元音习得研究从三个角度进行了文献回顾，分别是影响二语元音习得因素的研究、跨语言学习者元音产出研究、跨语言学习者元音感知研究。方言区学习者元音习得研究角度丰富，包括以下角度：定性研究、定性与定量相结合的研究、声学实验、基于语料库的研究、认知语言学与英语教学、课堂教学、计算机辅助评测和教学系统。三语语音习得研究回顾了普通话和各个方言对英语语音的迁移作用，少数民族语言对英语语音的迁移作用，指出三语语音习得在国际上受到了越来越多的关注。也指出了目前研究存在的不足，一是忽略了普通话和方言共同的影响，忽略了三语习得理论，二是相当大比例的研究以描述性研究为主，忽略了基于语料库的声学实验研究。

研究目的和意义指出，本书研究是针对不同方言区英语学习者的发音进行跨学科的系统性研究，在构建大规模方言区英语学习者语音库的基础上，考察方言区英语学习者的元音语音偏误类型，以及与母语方言和普通话的关联性特征，对不同方言区英语学习者的元音偏误产生进行分析，从根本上解析偏误产生的机制。该研究的理论意义和应用价值主要包括：构建国内首个大规模方言区英语学习者语音库；建立中国方言区英语学习者特色标注系统；将不同方言区发音人的辅音和元音的发音，与标准英语发音人的发音特征进行了系统地对比；为二语习得理论的发展、迁移特征提供更丰富的证据。

各章介绍梳理了各章内容，主要分为五大部分，第一章引言部分文献回顾、研究目的和意义、各章介绍，文献回顾；第二章共包括四个方面：主要研究方法，主要包括语料库介绍、研究对象介绍，数据分析方法介绍、理论方法介绍等；第三章介绍了各个方言区英语学习者元音习得的特点，包括顶点元音、松紧元音等习得情况，选取了官话区、吴语区、晋语区、湘语区、闽南语具有代表性的方言点，包括北京、天津、济南、大连、哈尔滨、西安、镇江、宁波、太原、长沙、福州 11 个城市。第四章是在第三章研究的基础上，通过讨论进一步对比方言区和标准美音的元音系统。第五章对本研究进行了总结和展望，总结了本研究的发现、意义以及未来扩展的方向。

第 二 章

研究方法

第一节 语料库介绍

本书所选语料均来自大型中国方言区英语学习者平行语音库（AESOP-CASS），该语音库在国家社科基金重大项目"中国方言区英语学习者语音习得机制的跨学科研究（15ZDB103）"支持下构建，是综合了英语、方言和普通话的大规模平行语音库，语料内容涵盖单词、句子、朗读语篇和自由发言的口语语音库，时长超过10000小时。本节将从所选取的方言区和发音人、语料库内容、录制方法等方面来介绍 AESOP-CASS。

一 语料库内容介绍

语音库的数据采集面向方言区英语学习者进行。根据李荣（1989）提出的方言分区，中国主要包括十大方言，即官话区、吴语区、晋语区、徽语区、赣语区、湘语区、平话区、闽语区、粤语区和客家话区。中国方言分区与地理位置分布图如下。

鉴于方言语音系统与英语语音系统的不同差异，研究针对不同的方言区开展语料的收集和研究工作，在十大方言区中，选取具有代表性的城市，进行语音数据的收集工作。每个代表城市的选择，主要是根据方言的特色，预测可能出现的发音问题而定。具体信息如下：（1）官话区，官话在中国的使用人数最多，内部又可以进一步分为如下次方言点：胶辽官话、东北官话、北京官话、西南官话、冀鲁官话、中原官话、兰银官话和江淮官话（熊正辉、张振兴 2008）。该语料库在每个次方言点中，均选择有代表性的城市作为语料收集区。例如，胶辽官话中选取山东地区为收集点，山东方言具有官话的基本特点，但有些现象是整个汉语方言中独有的，山东地区的声母比较丰富，如［tɕ］、［tɕ'］、［ɕ］、［ɳ］、［c］、［c'］和［ç］等，韵母和声调相对简单，其中多数地区鼻辅音韵尾弱化，读为鼻化元音，且圆唇元音也较多，因而山东方言区的英语学习者，在学习英语时，其辅音和元音的"负迁移"现象会比较丰富。北京官话音系中，没有［v］、［ʃ］、［θ］和［ð］的发音，在北京话中，主要关注发音人在这类音上的发音问题；东北官话中，选择沈阳等城市为代表城市，在沈阳语音系统中，［r］通常读为零声，而韵母中［o］经常读为［ɣ］，因此，将同时关注该区域发音人在辅音和元音上的表达；冀鲁官话，选择天津为代表方言点，该方言的连读变调，在北方方言地区中具有代表性，可以考察连读变调对英语语调发音的影响；（2）吴语区，吴方言内部差异较大，该区也是语音研究中的重点部分。主要选取上海、宁波和杭州代表地区，该地区具有吴方言的典型特点，辅音方面没有舌尖后音，在元音方面以单元音为主，但单字调和连读变调丰富，因此，可以对该地区英语学习者的音段，以及超音段的偏误特征进行系统地考察；（3）湘语区，主要以长沙话为代表方言点，来自该方言区的发音人，往往不能区分［n］和［l］，从而会影响英语发音的正确性和准确性。

语音库收集语料数量超过1000人，男女各半，每位发音人的录音时长为 10 个小时，总时长超过 1 万小时。录制前进行前测，确定英语学习者的英语水平和普通话水平，最后分类按照高水平、中等水平和低水平。此外，还包括标准英语发音人，即美国口音和英国口音发音人，标准发音人与方言英语学习者语音发音材料相同，他们的录音时长为 6 个小时。

语音库中的语料由英语语料和中文语料两部分组成。英语语料是研究中的重要部分，不同方言区的所有发音人，所读的英语语料是相同的，目的是对不同方言区的发音人的音段和超音段特征，进行纵向对比研究。文本主要包括三个方面：（1）英语单词，涵盖不同的词重音类型，尽量丰富的元音和辅音组合，这部分语料中，实际存在的单词占 90%，另有 10% 的单词，是为了符合语音特征而人为设计的单词，目的是为了包括不同元音与辅音的所有组合，以便于考察学习者在辅音、元音及词重音发音上受方言的影响，所表现出的"负迁移"现象；（2）英语句子，包括不同的句型和句式：①语音平衡句，主要满足不同的语音组合类型；②疑问句，包括一般疑问句、特殊疑问句、选择疑问句、反义疑问句、回声问句，目的是考察不同方言区发音人，疑问句的发音特点及与标准母语发音人的差异；③祈使句，主要包括祈使句和陈述句对应的句子，目的是考察发音人在表达祈使句时的声学特征；④感叹句，主要包括感叹句和对应的陈述句，目的是考察不同方言区发音人的偏误类型；⑤焦点句，包括焦点在句首、句中和句尾的情况，作为焦点词的成分，其词重音分布也有差异，有位于词的首音节，也有位于词的尾音节，目的是考察英语学习者的重音实现位置和类型以及与母语者的区别。此外，还包括焦点与疑问句共存的句型，目的是考察学习者在表达疑问和焦点时，所存在的发音问题；⑥不同句法组合的句子，主要包括主语、谓语和状语的尽量多的组合形式，目的是考察句法结构和发音之间的相关性；⑦韵律特征句，主要设计了包含有韵律切分句、韵律歧义句、目标词在不同的韵律边界的句子，目的是考察方言发音人，对韵律特征的表达方式及受方言的影响；(3) 英语篇章，主要包括 4 篇，有朗读篇章"北风与太阳"的翻译版以及"Cinderella"，还有自然对话篇章，主要内容为机票预定，以及看图对话篇章，目的是考察不同方言区发音人在表达句子层面以上的篇章以及对话时，所表现的韵律特征和偏误特征，更全面地纠正发音人的"方言语调"。

中文语料，主要包括：(1) 方言普通话语料，目的是考察方言区人说普通话时，其表现出的声、韵、调和英语发音之间的关联性，进而揭示普通话和方言对英语发音的共同干扰作用。内容主要包括单音节和双音节组合，单音节主要包括普通话中所有声母与元音 [a, i, u, ü] 的组合，每种组合都包括阴平、阳平、上声和去声四个声调。两音节词主要包括普通话中常见的词汇，声调组合包括两字组中所有的 16 种声调组合，目的是考察方言区人对普通话声调的表达特征，以及该特征对英语语调的影响作用；(2) 方言语料，目的是考察不同方言区发音人，其方言发音的声、韵、调等特征，以及该特征对英语的发音的"负迁移"作用。方言语料的选取，主要针对某个方言点进行设计，方言不同方言语料也不同。每个方言点发音表中都包括单音节、双音节和三音节，短语及句子。单音节尽量包括所有的声母和韵母的组合，且每个音节都包括所有的声调。两字组和三字组语料，则主要考虑连读变调的特征，在两字组和三字组中，包括所有的声调组合。短语则收集方言常用的特色短语。方言句子，主要收集与焦点相关的句式，以考察焦点在不同方言中的实现方式差异。方言语料中还包括方言版的"北风与太阳"，目的是考察方言发音人在表达方言篇章时的特征，以及该特征对英语篇章发音的"负迁移"作用。方言焦点句和方言"北风与太阳"是所有方言发音人共同语料。

二 语料库录制设备及方法

录音需要在安静的室内环境进行，如教室、办公室或实验室均可，每个发音人录音的总时长为 10 个小时。录音设备为笔记本电脑和头戴式麦克风 Sennheiser PC166，内置声卡。录音软件由香港中文大学与中国科学院深圳先进技术研究院共同开发。在该录音软件中，录音界面里可以显示句子、篇章以及图画等信息，采样频率为 16000 赫兹，存储精度为 16 位编码，单声道。一个单词或一个句子，保存为一个独立的"wav"文件，以便于后期进行语音处理和分析。在录音时，发音人佩戴耳麦，并坐在电脑屏幕前，录音由操作员来完成。每个方言区按照选取好的方言点来选取发音人，根据英语口语水平再进一步进行分类。图 2—1、图 2—2 为录音用软件界面和耳机类型。

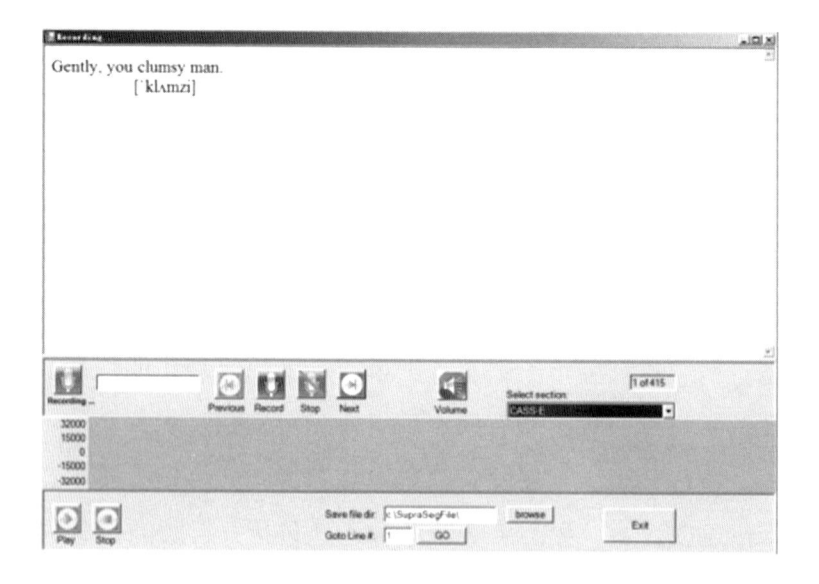

图 2—1 录音用软件界面

图 2—2　Sennheiser PC166

第二节　研究对象和语料

一　研究对象

本书以官话区、吴语区、晋语区和湘语区的学习者为例，对他们的英语元音发音进行研究，并对标准美国语单元音的习得情况展开研究。通过不同方言区英语学习者与美语母语者之间的比较，发现中国学习者习得单元音过程中所表现出的特点。同时，以英语、方言和普通话中均包含的 3 个共同元音/i/、/u/、/a/为例，考察方言和普通话对英语语音习得的综合影响。此外，还对不同地区的特色元音进行了分析，以全面和系统地了解不同地区英语元音的习得情况。

官话在中国的使用人数最多，官话区可以进一步分为：胶辽官话、东北官话、北京官话、西南官话、冀鲁官话、中原官话、兰银官话和江淮官话。本书结合 AESOP-CASS 语音库的实际情况，以大连、哈尔滨、北京、天津、济南、西安、镇江为例，对官话区学习者的习得特点进行研究。

中国地域广阔，汉语与少数民族语的方言众多，为了发展新中国的文化教育，推广民族共同语是非常必要的。普通话即以北京语音为标准音，以北方话为基础方言、以典范的现代白话文著作为语法规范的现代汉民族共同语。北京话和普通话区别很小，在基本的语音系统上近无分别。因此北京人在习得英语时不会受到方言的影响，通过比较北京话与标准英语的音系差异及北京人习得英语时的具体语音特点，能够直观地表现中国英语学习者习得外语英语的特征。

选择天津方言作为研究对象主要基于以下原因：第一，天津方言与普通话的单元音虽然个数相同，但是存在舌位上的差别。时秀娟（2007）提到北京话、天津话这两个方言点元音格局很接近，都有相同的 7 个一级元音/ɤ/、/ʅ/、/i/、/u/、/y/、/a/、/ɣ/。但是天津话 7 个一级元音的 F1 值都比北京话的大，舌位比北京话的低；F2 值也都比北京话的大，舌位比北京话的靠前，这说明天津话元音格局的分布区域比北京话稍大。另外，从声学角度来说，天津方言元音没有松紧元音的差别。第二，国内目前对天津地区英语学习者单元音习得研究的文章较少，目前仅发现两篇。一是王志颖（2006）对天津英语学习者的元音/e/、/æ/和/ai/进行了研究，发现如果学生汉语的发音或者汉语双元音的前半部分与英语单元音/e/或/æ/相似，汉语的迁移能帮助学习者发对英语单元音/e/或/æ/，如果学生汉语的发音或者汉语双元音/ai/的前半部分与英语双元音/ai/相似，汉语的迁移能帮助学习者掌握英语双元音/ai/。二是孟媛（2009）利用声学分析软件 Praat，测量天津非英语专业大学生在非连续语流中和连续语流中生成的英语单元音第一至第三共振峰数据。测量后的数据经过处理后，先与所做的英国南部标准发音人的英语单元音的共振峰值对比，再与吴宗济和曹剑芬（1979）所做的汉语普通话单元音的共振峰值对比。对相似音素与相异音素进行调查研究，得出受试者对于本母语没有的音素难以习得，而对于母语中存在的与目的语相似的音素，容易习得，却难以区分其细微差别，最终导致母语内化目的语的现象。

通过济南方言音系与美语音系的对比我们发现，与美语相比，济南方言中没有松紧元音的对立；济南方言和美语中相似的元音有/a/、/i/、/u/、/ɛ/、/ɔ/，没有的元音有/ɪ/、/æ/、/ʌ/、/ɜ˞/、/ʊ/，济南方言和美语相比，特有的元音有/y/、/ə/、/ɣ/、/ʅ/。除济南方言本身所具有的特色外，济南方言在山东方言中的地位，也是我们选择以济南为例进行研究的重要原因，正如钱曾怡（1995）所说，"济南方言属于汉语官话方言大区的冀鲁官话，在鲁西的中部方言中有代表性，是山东快书和吕剧的艺术语言基础"。以济南方言为例进行研究，也可以帮助我们对鲁西中部方言形成初步认识，便于在此基础上进一步开展语言类型学的研究。

哈尔滨市和大连市从地理位置的角度来看，都位于中国的东北地区，分别是黑龙江省省会和辽宁省的地级市；但是从方言分区的角度来看，哈尔滨市属于东北官话下的哈阜片，而大连市则属于胶辽官话下的大岫片。从语言的历史演变来说，东北地区的胶辽官话是从山东半岛的居民带过来的。自古以来，因为地缘的原因，胶东地区与东北地区就有比较密切的联系。光绪末年，清政府解除"封禁"之后，山东人大量涌入东北，逐渐融合，形成了胶辽官话。因此，大连方言是胶辽官话的重要组成部分，是胶辽官话在辽东半岛的延伸，具有自己独特的方言特色。

同东北官话的哈尔滨方言相比，二者的元音特色存在共性的同时，也存在差异性。作为同一地区下的不同方言片区，哈尔滨方言和大连方言的元音特色值得关注探讨。哈尔滨方言中共有8个单元音，分别是/a/、/i/、/u/、/ɣ/、/ʅ/、/ɤ/、/y/、/ər/；而大连方言中共有11个单元音，分别是/a/、/i/、/u/、/ɣ/、/ʅ/、/ɤ/、/y/、/e/、/ɔ/、/ɛ/、/ər/。大连方言中的3个特色单元音/e/、

/ɔ/、/ɛ/在哈尔滨方言中对应的复合元音分别是/ei/、/au/、/ai/。同标准美语的 10 个单元音/ɑ/、/i/、/ɪ/、/ɛ/、/æ/、/ʌ/、/ɔ/、/ɜ/、/u/、/ʊ/相比，哈尔滨方言存在/a/、/i/、/u/3 个相似元音，而大连方言中则存在/a/、/i/、/u/、/ɔ/、/ɛ/5 个相似元音。

中原官话是仅次于西南官话使用人口最多的官话，西安作为丝绸之路的起点，西北地区的政治文化经济中心，人口流动大，语言融合碰撞在所难免。西安方言属于北方方言中原官话的关中片，也是中原官话极具代表性的方言。李荣、王军虎（1996）在《西安方言词典》指出，西安方言语音系统有别于汉语普通话，包含 26 个声母，39 个韵母，在语音演变方面存在明显的新老派差异，如老派读［pf pfʰ f v］，新派读［tʂ tʂʰ ʂ ʐ］；老派读［fi vi］，新派读［fei vei］。对于西安地区英语学习者在语音方面的学习，西安本土方言的影响则成为值得考量的问题。Wells（1996）提出标准美音中的单元音有/ɑ/、/i/、/u/、/ʌ/、/ɪ/、/ʊ/、/æ/、/ɛ/、/ɜ/、/ɔ/ 10 个；西安方言中的单元音有/ɑ/、/i/、/u/、/y/、/ɛ/、/ɤ/、/ər/、/ɿ/、/ʅ/、/ɯ/、/o/11 个；普通话中的单元音有/a/、/i/、/u/、/y/、/ɤ/、/ər/、/ɿ/、/ʅ/、/o/9 个。显而易见，西安方言、普通话和标准美音中共有 3 个相似音：/ɑ/（/a/）、/i/、/u/；比标准美音相比，西安方言特有 7 个单元音/y/、/ɤ/、/ər/、/ɿ/、/ʅ/、/ɯ/、/o/；相反，标准美音特有 6 个单元音/ʌ/、/ɪ/、/ʊ/、/æ/、/ɜ/、/ɔ/。因此，对于西安方言中以及汉语普通话中不同于标准美音的单元音，西安的地区的英语学习者又是如何习得，并且在语音习得过程中是否存在正负迁移现象则是本书探讨的重点。

江淮官话，又称下江官话、南方官话，属于官话方言。镇江地处北方方言和吴语两大方言的交界地带，学界一般认为以镇江市区为中心，以谏壁乡为东界，以丹徒区上党镇为南界区域的方言即通常所指的镇江话属于江淮官话。正因为其所处两大方言分区的交界，镇江方言复杂性不言而喻。镇江方言语音系统和汉语普通话差异较大，声母［n, l］不分、韵母有入声韵、比普通话多一个声调、阴平调调值为低降调。镇江方言内部的语音演变存在新老派差异，如老派镇江话中有韵母（尾音）带æ，如八、抹、发；镇江方言中原来读韵母 ie，现年轻人读 i；相反夜、野原来读 yi，现在全读 ye。《江苏语言资源资料汇编　镇江卷》（2016）指出镇江方言有 17 个声母包括零声母在内。镇江方言老年发音人中有 48 个韵母，青年发音人中有 44 个韵母。Wells（1996）提出标准美音中的单元音有/ɑ/、/i/、/u/、/ʌ/、/ɪ/、/ʊ/、/æ/、/ɛ/、/ɜ/、/ɔ/10 个；镇江方言中的单元音有/a/、/i/、/u/、/y/、/ɛ/、/ɤ/、/ɣ/、/o/、/ɔ/、/ɪ/10 个；普通话中的单元音有/a/、/i/、/u/、/y/、/ɤ/、/ər/、/ɣ/、/ɯ/、/o/9 个。镇江方言、普通话和标准美音中共有 3 个相似音：/ɑ/（/a/）、/i/、/u/；比标准美音相比，镇江方言特有 5 个单元音/y/、/ɤ/、/ɣ/、/o/、/ɪ/；相反，标准美音特有 5 个单元音/ʌ/、/ɪ/、/ʊ/、/æ/、/ɜ/。音系系统存在巨大差异的前提下，镇江地区英语学习者对于标准美音语音的习得呈现出怎样的现状则值得进一步探讨，这也是从跨学科的新视角对二语习得研究提出新的思考。

吴方言内部差异较大，该部分也是语音研究中的重点部分。在该区域中，我们以宁波为代表城市进行研究。吴语通行于吴越江南，是江南文化的重要组成部分。吴语世界排名第十，是世界上最大的非官方语言，在我国使用人数众多约有 1 亿人，其中北部吴语（又叫太湖吴语，为吴语的核心）6500 万人，南部吴语 2650 万人，西部吴语 850 万人。吴语与普通话无隶属关系，同为现代汉语。宁波话属于吴语太湖片（北吴）甬江小片，使用人口约 500 万人，各土语十分接近，内部一致性也很高。与普通话相比，宁波方言元音音系更为复杂，语音特征差异巨大，宁波方言中有13个单元音/i/、/y/、/Y/、/ø/、/ɛ/、/e/、/œy/、/a/、/u/、/ɔ/、/o/、/ɤ/、/ɥ/，同标准美语的10个单元音/ɑ/、/i/、/ɪ/、/ɛ/、/æ/、/ʌ/、/ɔ/、/ɜ/、/u/、/ʊ/相比，宁波方言具有的相似元音为/a/、/i/、/u/、/ɛ/、/ɔ/。与其他方言地区相比，宁波地区的英语学习者似乎享有更多的相似元音和更复杂的元音体系，然而一语和二语的巨大差异是如何影响学习者的习得情况，以及相似元音是否能够促进学习者的外语学习，通过研究宁波学习者的英语产出，我们能够得到更多启示。

晋语区又进一步分为并州片、吕梁片以及上党片等，我们主要以太原为例开展研究。李荣（1985）在《官话方言的分区》一文中把"晋语"从"北方官话"中分出来，指出"晋语"是指"山西省及其毗连地区有入声的方言"，主张晋语成为与官话、吴语、徽语、湘语、赣语、客家话、粤语、闽语等并列的一大方言。晋语成为中国北方唯一一个非官话方言。《中国语言地图集》中认为，并州片、吕梁片和上党片是晋语的三个核心区域。在以上三个核心区域中，并州片在地域上位于山西省中部，保留了较为典型的晋语特征，因此并州片晋语的研究对山西方言和晋语的研究具有重要意义。太原地处山西高原中部、太原盆地北端，是山西省的省会。太原方言是并州片晋语的典型代表点。由此可以说太原方言是晋语的代表方言。作为晋语的典型代表，太原方言具有晋语的一般特征。如有入声，入声收喉塞尾ʔ；鼻音韵尾合流、消失；有分音词等（余延琳2011）。

湘语区，主要以长沙方言英语学习者为例。湘语，又称湘方言或湖南话，属汉藏语系汉语族，是生活在湘江流域及其支系一带湖湘民系使用的主要语言。湘语又可以分为新湘语和老湘语。新湘语主要流行于长沙和湘北,代表城市是长沙。2010年统计湘语使用人口约为4500万人。长沙方言与普通话相比,元音音系有差别且没有北方话中普遍存在的儿化音。长沙方言中共有8个单元音,分别是/a/、/i/、/u/、/ɣ/、/o/、/y/、/ə/、/e/。同标准美语的10个单元音/ɑ/、/i/、/ɪ/、/ɛ/、/æ/、/ʌ/、/ɔ/、/ɜ/、/u/、/ʊ/相比,长沙方言具有的相似元音为/a/、/i/、/u/。通过研究长沙英语学习者的英语习得情况,能够看出方言和普通话对外语习得的共同影响。

闽语区,主要以福州方言英语学习者为例。作为闽方言五大次方言之一的闽东方言,按区域及语言的特点可分为南、北两片。北片方言区,分布于福建省东北部的交溪流域,包括宁德地区的七市、县。南片方言区,主要分布在福建省东部的闽江下游流域,包括福州市及其所属的八市、县,即闽侯、闽清、长乐、福清、连江、永泰、平潭、罗源及宁德地区所属的两县(古田、屏南),共11市、县,人口六百多万人。南片方言区,唐宋两代属于福州,明代属于福州府,福州话是十邑的共通语。福州市省会,福州话是整个闽东方言区南、北两片的代表方言。

我国的英语教学中,目前多以美音作为标准音,为了对比方言区学生与母语者的不同,本书选取美语母语者作为参照对比。语言学家们对于美语中单元音的数量尚未达成一致意见。本书选择标准美国语作为研究对象,其语音系统中共有10个单元音:/i/、/ɪ/、/ɛ/、/æ/、/ɜ/、/u/、/ʊ/、/ɔ/、/ʌ/、/ɑ/(Wells 1996)。

每个代表点均选取了10名(男生5名,女生5名)发音人,发音人均为高校在读大学生。在读大学之前,他们一直都在各自的城市生活,均能熟练地用方言进行日常交际,所有发音人均通过了大学英语六级考试。此外我们还选取了10名(男生5名,女生5名)没有地方口音的美国发音人作为参照。所有的被试均没有听说方面的障碍。

二 实验语料

实验语料包括英语朗读语料和汉语朗读语料两部分。其中,英语语料主要选取以塞音/b/、/d/、/g/等为首尾辅音,目标元音/i/、/ɪ/、/ɛ/、/æ/等居中的 CVC 结构的单词,具体见表 2—1 所示。

表 2—1　　　　　　　　英语词

i	ɪ	u	ʊ	a	ʌ	ɜ	æ	ɔ	ɛ
deed	pit	choose	look	barb	fuss	fern	bad	ford	death
feast	kip	moose	nook	bar	such	burn	dad	awe	pest
feat	dig	shoe	good	box	bud	dessert	gab	bought	best
seethe	did	who		drop	suck	perk	tap	corpse	pep
cease	bid	ture		pod	bus	turf	gap	forge	Ted
bead	gid			job	pus	earn	cap	course	get
beast	kit			chart	thud	merge	cab	court	ped
bee	pig			start	tug	pert	dab	or	bet
cheat	big			stock	sup	word	gad	four	set
feed	gig			charge	thus	curse	bag	foresee	said

中文语料包括方言语料和普通话语料两部分。中文词表主要由以/pʰ/、/t/、/tʰ/为声母,/i/、/u/、/a/为韵母的单字构成。不同方言区发音人所用普通话词表相同,见表 2—2 所示。

表 2—2　　　　　　　　普通话词

a	i	u	y	ɿ	ʅ	ɤ	o	ər
嘎 ga1	鸡 ji1	姑 gu1	嘘 xu1	此 ci3	诗 shi1	革 ge2	柏 bo4	耳 er3
嗒 da1	嘀 di1	嘟 du1	居 ju1	思 si1	史 shi3	铬 ge4	伯 bo2	儿 er2
发 fa1	妻 qi1	猪 zhu1	捋 lü1	疵 ci1	事 shi4	葛 ge3	簸 bo3	二 er4

续表

a	i	u	y	ɿ	ʅ	ɤ	o	ər
巴 ba1	逼 bi1	苏 su1	瘀 ü1	瓷 ci2	食 shi2	歌 ge1	波 bo1	
喀 ka1	踢 ti1	铺 pu1	趋 qu1	刺 ci4				
他 ta1	批 pi1	窟 ku1	玉 ü4	姿 zi1				
撒 sa1		粗 cu1	雨 ü3					
擦 ca1		夫 fu1	鱼 ü2					
匝 za1		书 shu1						
杀 sha1		突 tu1						
趴 pa1		租 zu1						

由于各地方言在语音和音系上的差别，本书根据不同方言点的音系特点选取特定的方言词表，详见附录。

第三节　数据分析方法

一　标注软件和标注方法

在对所选取语料进行标注时，首先采用自动切分软件，对英语单词和汉字词进行自动切分，然后由英语专业的研究生或从事语音研究的专业标注人员利用 Praat 标注软件进行手工校准和修改。音段标注主要是对英语音段（辅音和元音）和汉语声韵母的实际发音进行标注，并且区分错误读音和方言引起的偏误。表2—3 为用于英语音段标注的 ARPABET 和 SAMPA 符号集与国际音标对照表。

表2—3　　　　　　　　SAMPA 和 ARPABET 符号集

No.	ARPABET	IPA	Examples	No.	ARPABET	IPA	Example	No.	ARPABET	IPA	Examples
1	iː	iː	beat		r2	r	red		v	v	very
2	I	i	bit		i	j	yes		f	f	fly
3	E	e	bet		W	W	wash		D	D	they
4	ae	æ	bat		m	m	must		T	T	thief
5	V	ʌ	cut		N	ŋ	sing		_h		弱化
6	uː	uː	boot			Washington		_u		清化
7	U	u	put		tS	tʃ	chair		_?		紧喉或者喉化
8	aU	au	bout		dZ	dʒ	just		dr2	dr	drive
9	s@r	ɔː	curt		b	b	boy		tr2	tr	tree
10	eI	ei	balt		p	p	play		ts	ts	cats
11	aI	ai	bite		d	d	do		dz	dz	goods
12	OI	ɔi	boy		dt		butter		_r		r 音色
13s	O	ɔː	caught		t	t	to		sp	停顿	word 内
14	oU	əu	boat		g	g	go		sil	停顿	word 之间
15	l	l	led		k	k	kick		sily		
16	-l	-l	little		z	z	zoo		spy		
					s	s	sit		_^		鼻化
					Z	ʒ	measure		Aː	§ː	长 a
					S	ʃ	shoe				

二　数据提取方法

如图 2—3 所示，本书通过 Praat 手动调整音段边界并将每个单词的元音稳定段部分标注出来。利用相关脚本自动提取出目标元音稳定段部分 10 个等分点的共振峰数据（熊子瑜 2016），并选取目标元音稳定段部分第三到第八个点的 F1、F2 的均值，作为该元音共振峰数据的值，这可以在一定程度上去除音节的首尾辅音对元音共振峰的影响（Zhi，Li 2015）。时长数据同样用脚本批量提取，所有的数据都导入 Excel 中并用 NORM[①]绘制声学元音图。

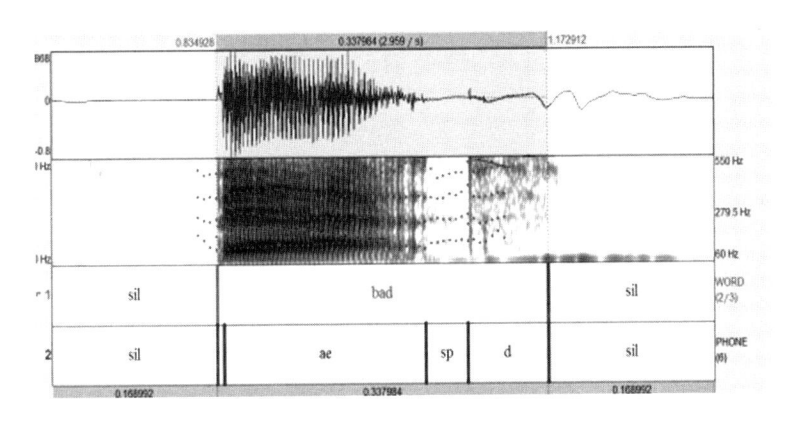

图 2—3 标注示例

三 数据处理方法

为了滤掉个人特性，消减录音时因年龄、性别等因素而导致的发音风格差异，以便在人际差异中找到常量，在语际变异中找到共性（朱晓农 2013），本书对提取的共振峰和时长数据进行归一化处理。根据 NORM 提供的方法，结合发音人实际情况，选择 Watt and Fabricius Method 作为共振峰归一化方法，其公式如下：

$$S(F1) = (BEETF1 + BATF1 + SCHOOLF1)/3$$
$$S(F2) = (BEETF2 + BATF2 + SCHOOLF2)/3$$

上式中 BEET 和 BAT 分别代表需归一元音中在声学上最高前和最低中的元音，SCHOOL 代表在声学上最高后的元音。在利用 Watt and Fabricius Method 进行归一化处理时，首先通过上式计算得到 S（F1）、S（F2），然后用目标元音的 F1 均值除以 S（F1），F2 均值

[①] Thomas 和 Tyler 等所创办，是一个专门对共振峰数据进行归一化处理并绘制声学元音图的网站，其网址为：http://lingtools.uoregon.edu/norm/index.php。

除以 S（F2），最终得到该元音的归一值。基于同样的考虑，通过以下公式对时长进行归一化处理：

$$D^N = D/MEAN_D$$

D^N 为归一后的时长，D 代表时长原始数据，$MEAN_D$ 表示所有发音人时长的平均数。

四　统计分析方法

为了更具体、直观地反映方言和普通话对英语单元音的影响程度，本书通过马氏距离（Mahalanobis Distance，简称 MD）对相似元音之间做相似度分析。马氏距离是由印度统计学家，马哈拉诺比斯（Mahalanobis 1936）提出，表示数据的协方差距离。它是一种有效的计算两个未知样本集相似度的办法。

对于一个均值 $\mu = (\mu_1, \mu_2, \cdots, \mu_n)^T$，协方差矩阵为 $x = (x_1, x_2, \cdots, x_n)^T$ 的多变量，其马氏距离为：

$$D(x) = \sqrt{(x-\mu)^T \Sigma^{-1} (x-\mu)}$$

马氏距离不受量纲的影响，两点之间的马氏距离与原始数据的测量单位无关，可以排除变量之间的相关性的干扰。在计算马氏距离的过程中，要求总体样本数大于样本的维数，否则得到的总体样本协方差矩阵逆矩阵不存在。

第四节　理论方法

一　语言迁移

Long 和 Richards 在为 Odlin（1989）《语言迁移》一书所做的序中指出："至少一个世纪以来语言迁移一直是应用语言学、二语习得和语言研究中的中心问题。" Ellis（2000）也认为，"语言迁移问题长期以来一直是二语习得研究中所关注的重要课题"。

语言迁移又被称为"语际影响"或"跨语言影响"。我们通常所说的"语言迁移"中的"迁移"二字并非二语习得的专用名词，它实际上是学习心理学的一个重要概念。Ellis（1965）把"迁移"定义为"对任务 A 的学习借此会影响任务 B 的学习的一种假设"，并称这是"教育理论和实践中也许是最为重要的概念"。James（1980）借此描述语言迁移的概念为："第一语言的学习将影响第二语言的学习"。事实上，对于语言迁移的定义存在各种不同的表述。根据 Dechert 和 Raupack（1989）的不完全统计，在《语言学习中的语言迁移》一书中，对"语言迁移"至少有 17 种不同的说法。比如，Osgood（1953）认为语言迁移是一种"研究语言习得的模式"；Gass & Selinker（1983）则认为迁移是一个理论概念，旨在描述或解释某种语言现象。Odlin（1989）的语言迁移定义得到最为广泛的认可："迁移是指目标语和其他任何已经习得的（或者没有完全习得的）语言之间的共性和差异所造成的影响。"根据这一定义，迁移不仅仅是传统的迁移研究中所指的来自学习者母语的影响，它还可以指学习者已经习得的任何其他语言的知识对于新语言习得的影响。因此，一般情况下，学习者的母语对二语习得的影响应该称为"第一语言迁移"，以区别其他语言的迁移。

语言迁移主要有三种表现形式：正迁移和负迁移；语间迁移和语内迁移；交际迁移和学习迁移。正迁移指学习者在学习二语过程中，已有的知识对目的语学习产生积极的影响，负迁移指学习者在学习二语过程中，已有的知识对目的语学习起到了干扰或抑制作用。在语言学习过程中，根据迁移内容的来源可分为语间迁移和语内迁移。语言迁移发生在不同语言之间，母语内容迁移到目的语中的现象被称为语间迁移。但语间迁移并不是从母语向目的语的单向迁移，当外语水平达到一定程度以后，目的语也会反过来对母语产生影响。语间迁移又可以进一步细分为语间正迁移和语间负迁移。

发生在目的语内部的迁移现象被称为语内迁移。过度概括是语内迁移的典型例子。学习者会对外语的某些规则错误地推广使用，目的语中先学会的规则对后学会的规则会起干扰作用。后学的规则对先学的规则也可以起干扰作用。交际迁移指学习者在应用和理解目的语时，求助于母语知识来实现交际目的或理解目的语的意思，学习迁移指学习者使用母语知识来构建有关目的语规则的中介语系统。交际迁移一般被看作语言应用的反映，学习迁移是知识系统和认知结构的反映，但实际上语言运用也是语言知识系统的反映，因此交际迁移也可谓是学习迁移的反映，二者之间的关系并不是泾渭分明的。

众所周知，从20世纪60年代兴起至今半个多世纪的时间内，二语习得领域经历了以对比分析假设为主导的理论模式，以及以中介语假设为主导理论模式的两个历史阶段（俞理明2004）。随着二语习得领域主导理论模式的转移，语言迁移研究大致经历了三个阶段：第一阶段为20世纪50年代至60年代前期的兴盛期，语言迁移研究在结构主义语言学和行为主义心理学的框架下，以对比分析假说为主导，在二语习得理论中占据举足轻重的地位。第二阶段为60年代末到70年代的衰落期，受乔姆斯基普遍语法理论的影响和中介语理论提出的影响，行为主义语言观受到大力抨击，对比分析假设和语言迁移理论遭到抛弃，迁移在二语习得中的作用被贬低，甚至遭到否定。第三阶段始于80年代初并一直延续至今，在这一阶段，随着二语习得研究两大对立阵营——认知派和社会派的逐渐形成和发展，语言迁移研究得到全面拓展，从最初只针对语言本体的研究扩展到对语言学习者的研究，从认知心理、语言、社会文化、神经生理等各个角度重新认识迁移在二语学习中的作用，语言迁移研究因此再度崛起。

从研究内容和方向来看，语言迁移研究大体可以分为四个阶段

(Jarvis & Pavlenko 2008)：第一阶段从 19 世纪中晚期到约 20 世纪 70 年代中期为止。在这一阶段，语言迁移被视为影响其他过程如二语习得的因素，主要研究内容包括如何确定迁移发生、迁移的范围以及如何量化迁移的影响。第二阶段从 20 世纪 70 年代中期开始持续至今。在这一阶段，第一阶段的研究主题仍在继续，但增加了许多新的研究内容，如探讨迁移产生的原因，制约迁移的因素，迁移影响的方向性问题等。第三阶段的重要特点是，研究者开始更感兴趣于构建语言迁移的理论模型和理论框架的建设，并采用实证研究来检验模型和设想。第四阶段的研究处于萌芽阶段，这个阶段的新的研究动向是试图从神经生理学角度研究语言迁移如何在大脑，尤其是在那些知晓并使用两种及两种以上语言的人的大脑中发生。

回顾语言迁移研究的历史进程可以看出，在二语习得领域中，对语言迁移的认识经历了一个从片面逐渐走向全面、从表面逐渐走向深刻的过程。而对语言迁移全面、完整的认识，不仅仅可以帮助我们从理论上更加深刻地认识二语习得的本质，也将在实践上指导我们更好、更有效地对第二语言开展学习。

二 语音学习模型

语音学习模型（Speech Learning Model）是加拿大语言学家 James E. Flege 于 1995 年提出的。语音学习模型试图解释个体在学习产出与感知第二语言语音音素（如元音、辅音等）过程中的成败原因，其包括了四种主张和七个假说。

根据母语和二语在语音上的相似度，Flege（1995）提出，和母语感知上相似的二语语音会被学习者视为母语中同一音位的语音变体。学习者不会为二语中的相似音建立新的语音范畴，而是对其进行"同等分类"。这样的分类结果造成外语语音中的差异特征被母语的音系系统过滤掉，因此，那些在二语中出现，而母语中不存在的语音特征往往被学习者所忽略。

Flege 基于成年学习者所做的研究也证明,"新的"(new)或称为"非相似的"(dissimilar)语音,即在学习者母语中找不到对应物的第二语言语音,比"相似的"(similar)语音,即在学习者母语中可以找到一个与其相似的对应物,但二者在某些方面还存在差异的第二语言语音,更容易习得,而且两种语言语音的差异越小,学习者的困难也就越大。相似的语音难习得是因为学习者会认为,这些语音与他们母语中相对应的语音是相同的,因而将它们纳入原有的语音范畴;而"新的"语音容易习得是因为,学习者可以轻易认识到它们与其母语之间的差异,这样,通过一定学习过程,学习者可以建立起母语中没有的,且是新的第二语言的语音范畴。Flege 根据母语语音和二语语音的相似程度,将二语语音分为以下四个难度等级。

(1) 与母语非常相似的语音。这类语音虽然在声学特征上与母语语音有细微差别,但学习者在听感上很难察觉,因此会将其同化到母语语音范畴。

(2) 与母语有微小频谱差异的语音。这类语音在声学特征上与母语语音有一定的差异,学习者也能够察觉出其中的差别,但受母语发音习惯的影响,还会将其同化到母语语音范畴。

(3) 母语语音的一个音位变体。这类语音由于在母语语音系统中不承担辨义功能,因此学习者很难准确分辨,也会将其同化到母语语音范畴。

(4) 母语中没有的语音。这类语音与母语中任何语音都存在显著差异,学习者无法将其同化到母语语音范畴,从而建立新的语音范畴。

Flege 主张"表面迁移"理论,提出学习者对于母语和外语的语音相似度的判断,是表现在具体的语音层面,而非抽象的音系层面。他建议学习者要掌握外语的语音特征，必须充分了解习得语中不同语音环境中的音位变体情况。1996年，Flege进一步提出了判断"相似语音"与"新语音"的简单标准：母语与目标语中某两个语音由同一个国际音标表示，则这两个音可视为"相似语音"，否则目标语音称为"新语音"。

Flege的语音学习模型理论，被认为是达到了"近15年来蓬勃发展的关于成人第二语言语音的产生和双语间差异感知的语音学研究的顶点"（转引自郭雅斌2006）。但也有人对其观点提出了疑义。如Major和Kim（1996）认为，"难度"这一说法并不准确，进而提出了相似度区分率假说，认为学习者在掌握二语中和母语不相似语音的速度知识比其掌握相似语音的速度更快，而不是存在难度上的差异。

三 第三语言习得理论

与被广泛研究的二语习得相比，第三语言（以下简称"三语"）习得，仍是受到较少关注的新领域。然而，在过去十年中，人们对该领域的研究兴趣增加，尤其是从跨语言影响的角度来看，三种语言在语言学习过程中如何相互作用。例如，语言学习者在产出三语的过程中，会无意识地产出部分甚至完全和二语形式一致的中介语（Murphy 2003）。在此背景下，传统意义上第二语言的界定，即二语是除了母语之外所有所学习语言的统称（Ellis 1997），可能需要被重新审视。考虑到拥有二语学习经验者在第三语言学习过程中的表现有别于单纯的第二语言学习者的现象，Fouser（2001）将学习者在母语和二语之后掌握或正在学习的其他语言定义为第三语言，本书采取的即为该观点。

目前的三语习得理论多为现存的二语习得理论的改良与发展。Kellerman（2001）认为跨语言影响是清楚区分母语习得和第二语言习得的范畴之一。在此基础上，Cenoz，Hufeisen 和 Jessner（2001）认为此观点也可用来区分二语习得和三语习得。他们认为，第二语言学习者有母语、二语两个潜在的相互影响的系统，二语习得研究主要集中于母语迁移，忽略了二语迁移这个方向。而三语习得研究则可以考虑了另外两个双向关系：三语影响母语并被母语、二语和三语之间的跨语言影响（转引自欧亚丽、刘承宇 2009）。就语音习得而言，Pyun（2005）认为学习三语时，语言学习者的中介语的音系规则至少来自以下四种不同来源：母语规则、二语规则、三语（目标语）规则以及中介语规则，即已学习的语言和正在学习的语言之间的桥梁。然而，该方向并无成型且可操作的新理论提出，现有的三语语音习得，仍基于广泛应用于二语语音习得的言语学习模型展开。在此基础上，研究者将传统的二语语音习得研究中划分相同音段、相似音段、新音段的方法应用于三语，将三语中的音段分别划分为和母语、二语相同、相似、不同的音段，并通过量化分析，考察母语和二语各自对三语语音产出的影响（Lipińska 2015，Wen 和 Jia 2016 等）。

第五节　总结

本章对研究所采用的方法进行了介绍。实验所选取语料均来自大型中国方言区英语学习者平行语料库（AESOP-CASS，贾媛、李爱军等 2013）。该语料库是一个综合性的大规模语料库，涵盖了中国十大方言区中具有代表性城市的英语学习者语料。语料包括平行的标准英语语料，方言语料以及普通话语料，为开展不同发音系统之间关系的对比研究，提供了重要的数据来源。

本书运用实验语音学的方法，在大规模数据标注的基础上，通过绘制声学元音图，详细考察了官话区、吴语区、晋语区、湘语区、闽语区五大方言区 11 个代表方言点的英语学习者单元音习得情况，为揭示方言区英语发音偏误类型及矫正系统开发提供了重要的数据，对提高中国英语学习者英语口语和听力水平，解决"方音"问题，以及增强英语交际能力，具有重要的意义。

第 三 章

方言区英语学习者元音习得声学研究

本章研究各个代表方言点英语学习者元音习得的特点,选取了官话区、吴语区、晋语区、湘语区、闽语区具有代表性的方言点,包括北京、天津、济南、大连、哈尔滨、西安、镇江、宁波、太原、长沙、福州11个城市,分别考察了方言学习者对英语单元音/i/、/ɪ/、/ɛ/、/æ/、/ɜ/、/u/、/ʊ/、/ʌ/、/ɔ/、/ɑ/总体的习得情况,在此基础上,具体考察了学习者对顶点元音、松紧元音的习得情况。

第一节 官话区英语学习者元音习得研究

一 北京地区英语学习者元音习得研究

(一) 北京方言背景介绍

1. 地理位置

北京,简称"京",是中华人民共和国的首都,全国政治中心、文化中心、国际交往中心和科技创新中心。北京地处中国华北地区,背靠燕山,地势西北高、东南低。西部、北部和东北部三面环山,东南部是一片缓缓向渤海倾斜的平原。北京东与天津毗连,其余均与河北相邻,北京市总面积16410.54平方千米。

2. 北京话的起源与发展

北京话属于官话中的北京官话,指北京市城区通行的方言。传统的观点认为北京话的范围在东城、西城、崇文、宣武四个老城区内。随着北京城区范围的不断扩大,居民的大量搬迁,北京话突破了四城的范围,但其核心仍然保留在四城区之内。北京话和普通话区别很小,在基本的语音系统上近无分别。

北京是千年古都,北京话也经历了千年以上的发展和变化。汉族和少数民族自隋唐起就在此冲突和融合。一千多年来,北京话始终处在这种开放的环境之中,既和当地少数民族语言(主要是阿尔泰语系的语言)不断交流,也和各地的汉语方言有频繁的接触。从辽至金,大量的北方少数民族涌进北京地区,之后元朝的统治者强迫汉族人学蒙语,有少数蒙语词语如"胡同"等被大都话吸收,并一直流传至今,但由于这期间汉族的人数和文化始终处于优势地位,汉语始终是最通行的语言,元大都话成为现代北京话的源头。明代北京地区重新归属于汉族统治者建立的政权,北京话大量接触来自中原和长江以南的各地汉语方言,已经和现代的北京话相当接近了。清朝汉族人的数量在八旗中占了绝对优势,内外城方言逐渐融为一体,成为现代的北京话(林焘 2000)。

3. 北京方言音系系统

如表3—1和表3—2所示,北京话有声母22个,韵母38个。其中单韵母共有9个:/a/、/o/、/ɤ/、/i/、/ɿ/、/ʅ/、/u/、/y/、/ər/。舌面元音[a, ɤ, i, u, y]既可以单独成音节,也可以和声母相拼构成音节,而[o]在北京话中不能单独成音节,只能和唇音[p, p', m, f]相拼。舌尖元音[ɿ, ʅ]不能单独成音节,[ɿ]只能和[ts, ts', s]相拼,[ʅ]只能和[tʂ, tʂ', ʂ, ʐ]相拼。卷舌元音[ər]只能单独成音节(林焘、周一民等1998)。

表 3—1　　　　　　　　北京方言声母

p	p'	m	f	t	t'	n	l	k	k'	x
tɕ	tɕ'	ɕ	ts	ts'	s	tʂ	tʂ'	ʂ	ʐ	Ø

表 3—2　　　　　　　　北京方言韵母

a	ɿ	ʅ	i	u	y	ər	ɤ	o
ia	ua	uo	iɛ	yɛ	ai	uai	ei	uei
ao	iao	ou	iou	an	ian	uan	yan	ən
uən	in	yn	aŋ	iaŋ	uaŋ	ɤŋ	ueŋ	iŋ
uŋ	yŋ							

4. 北京方言、美音音系对比

从表 3—3 可知，北京话与标准美国英语中存在/a/、/i/、/u/三个相似元音。与标准美国英语相比，北京话中特有的单元音有/y/、/ər/、/ɿ/、/ʅ/、/ɤ/、/o/ 6 个，标准美国英语中特有的单元音有/ʌ/、/ɪ/、/ʊ/、/æ/、/ɜ/、/ɛ/、/ɔ/ 7 个。

表 3—3　　　　　　　　音系对照

标准美音	i	ɪ	ɛ	æ	ʌ	ɜ	u	ʊ	ɔ	ɑ
北京话	i	y		a	ər		u	ɤ	o	ɿ	ʅ

（二）北京地区英语学习者元音总体习得

根据 Watt 和 Fabricius Method 对 F1、F2 的值进行归一化处理。通过 NORM 得到声学元音图 3—4。横轴表示舌位的前后，纵轴表示舌位的高低。

通过计算不同语言对应元音间的马氏距离（Mahalanobis Distance，简称 MD）值来反映元音习得的偏误到底是受方言的影响还是普通话的影响。对于一个均值 $\mu = (\mu_1, \mu_2, \cdots, \mu_n)^T$，协方差矩阵为 $x = (x_1, x_2, \cdots, x_n)^T$ 的多变量，其马氏距离为：

$$D(x) = \sqrt{(x-\mu)^T \Sigma^{-1} (x-\mu)}$$

图3—1为北京英语学习者的整体发音情况。其中 x 轴为第二共振峰（F2），代表元音发音的舌位前后，y 轴为第一共振峰（F1），代表元音发音的舌位高低。

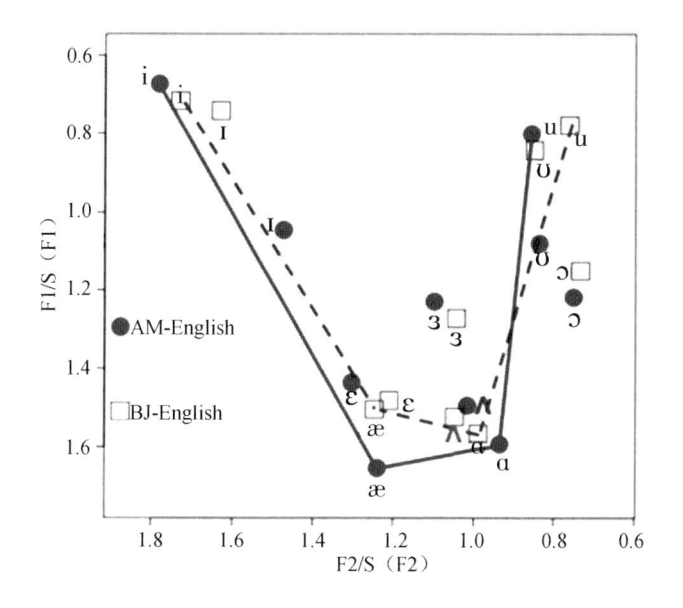

图3—1 北京英语学习者与母语者单元音声学元音

通过独立样本 T 检验来考察北京英语学习者产出的英语元音与标准美国英语者的区别，再分别计算北京英语学习者产出的英语元音与标准美国英语、北京话里的相似音的马氏距离，以此探讨北京人学习英语元音时是否受到北京话的影响。表3—4显示独立样本 T 检验以及马氏距离结果。

表3—4　　　　　　　　独立样本 T 检验以及马氏距离

元音	比较对象	F1	F2	MD
ɑ	BJE-AME	0.434	0.001	2.0251
	BJE-BJH	0.154	0.291	1.9186
i	BJE-AME	0.322	0.080	26.1137
	BJE-BJH	0.743	0.282	6.6265
u	BJE-AME	0.413	0.011	2.5870
	BJE-BJH	0.332	0.000	36.0935
ʌ	BJE-AME	0.328	0.110	3.0756
	BJE-BJH (a)	0.003	0.024	2.8449
ɪ	BJE-AME	0.000	0.000	9.5261
	BJE-BJH (i)	0.175	0.000	4.6648
ʊ	BJE-AME	0.000	0.763	3.8782
	BJE-BJH (u)	0.189	0.000	53.8215
ɔ	BJE-AME	0.023	0.171	3.0189
	BJE-BJH (o)	0.119	0.000	9.6683
ɜ	BJE-AME	0.670	0.000	2.4521
	BJE-BJH (ər)	0.000	0.000	2.6067
æ	BJE-AME	0.000	0.185	1.5573
	BJE-BJH	/	/	/
ɛ	BJE-AME	0.077	0.000	1.6954
	BJE-BJH	/	/	/

由图3—1及表3—4可以看出，北京话的整体元音空间要大于英语。前元音/i/、/ɪ/、/ɛ/、/æ/习得情况存在差异：/i/与标准美国英语相比在 F1（p=0.322），F2（p=0.080）上均无显著差异，习得良好。/ɪ/与标准美国英语相比在 F1（p=0.000），F2（p=0.000）上均有显著差异，舌位更高更前。/æ/与标准美国英语相比在 F1（p=0.000）上有显著差异，在 F2（p=0.185）上无显著差异，舌位更高。/ɛ/与标准美国英语相比在 F1（p=0.077）上无显著差异，在 F2（p=0.000）上有显著差异，舌位更靠后。

央元音/ʌ/与标准美国英语相比,在舌位高低前后上均无显著差异 F1（p=0.328）,F2（p=0.110）,习得较好。/ɜ/与标准美国英语相比在 F1（p=0.670）上无显著差异,在 F2（p=0.000）上有显著差异,舌位更靠后,并且与北京话里最为接近的语音/ər/相比,在 F1（P=0.000）,F2（P=0.000）上均有差异。马氏距离显示北京人发的/ɜ/更接近标准美国英语的发音,但仍不标准。

后元音/u/与标准美国英语相比在 F1（p=0.413）上无显著差异,在 F2（p=0.011）上有显著差异。舌位更靠后,并且与北京话相比在 F1（p=0.332）上无显著差异,在 F2（p=0.000）上有显著差异。舌位更靠前。马氏距离显示北京人发的英语/u/与标准美国英语距离近,受北京话影响较小。

后元音/ʊ/与标准美国英语相比在 F1 上有显著差异（p=0.000）,在 F2（p=0.763）上无显著差异,舌位更高,并且与北京话里的/u/相比,二者在 F1（p=189）上无显著差异,在 F2（p=0.000）上有显著差异。马氏距离显示与标准美国英语的/ʊ/更接近。因此,北京人产出的/ʊ/尽管不太理想,但其受到方言的影响小,更接近标准美国英语发音。

后元音/ɔ/与标准美国英语相比在 F1（p=0.023）上有显著差异,在 F2（p=0.171）上无显著差异,舌位更高,并且与北京话里最为接近的语音/o/相比,在 F1（p=0.119）上无显著差异,在 F2（p=0.000）上有显著差异,舌位更靠前。马氏距离显示与标准美国英语/ɔ/更接近。因此,北京人习得/ɔ/时尽管在舌位高低上有偏误,但受方言影响较小,仍更接近标准美国英语发音。

后元音/ɑ/与标准美国英语相比在 F2 上有显著差异（p=0.001）,舌位更靠前。与普通话/a/相比在 F1（P=0.154）、F2（p=0.291）上均无显著差异,且马氏距离小,因此/ɑ/受普通话影响较大。

整体而言北京人所发英语较之标准美国英语舌位都略高靠后。北京英语学习者/i/，/ʌ/两个单元音习得良好，其余8个单元音习得不理想。其中/ɪ/，/æ/与标准美国英语相比舌位更高，/ɛ/，/ɜ/，/u/舌位更靠后，/ʊ/，/ɔ/舌位更高，/ɑ/舌位更靠前。

（三）北京地区英语学习者顶点元音习得情况

图3—2反映了北京英语学习者顶点元音习得情况，结合图3—2，我们通过独立样本T检验进一步检测了英语学习者所发英语元音/i/、/u/、/ɑ/与标准美国英语者以及北京话中的对应元音是否存在显著差异，马氏距离显示北京话对英语语音习得的影响。

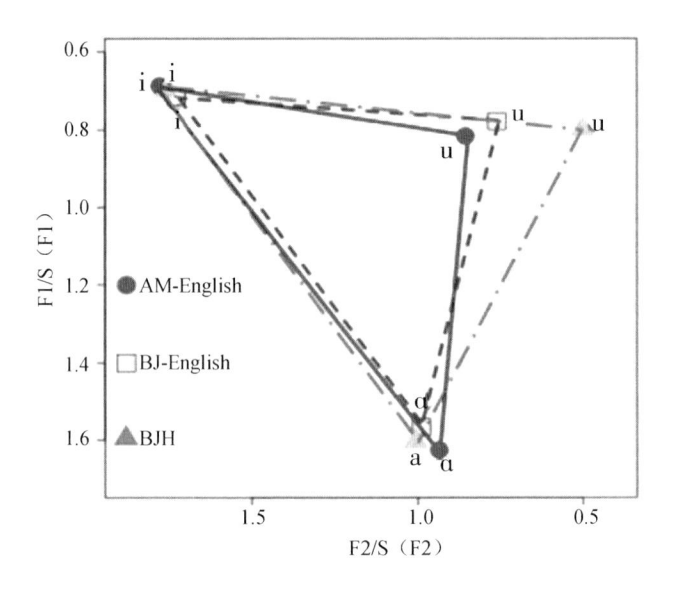

图3—2　北京英语学习者与母语者顶点元音声学元音图

表3—5　　　　　　　　独立样本T检验以及马氏距离

元音	比较对象	F1	F2	MD
ɑ	BJE-AME	0.434	0.001	2.0251
	BJE-BJH	0.154	0.291	1.9186

续表

元音	比较对象	F1	F2	MD
i	BJE-AME	0.322	0.080	26.1137
i	BJE-BJH	0.743	0.282	6.6265
u	BJE-AME	0.413	0.011	2.5870
u	BJE-BJH	0.332	0.000	36.0935

由图3—2可见，北京话的元音空间更大。与美国人相比，北京人发的英语/ɑ/舌位更高更前。独立样本T检验显示，与标准美国英语相比在F2上有显著差异（p=0.001），舌位更靠前。与北京话相比在F1（P=0.154），F2（P=0.291）上均无显著差异，且马氏距离小，因此/ɑ/受普通话影响较大。

北京人发的英语/i/与北京话和标准美国英语相比差异不大。独立样本T检验表明北京人与标准美国英语在F1（p=0.322），F2（p=0.080）上均无显著差异，习得良好。

北京话里的/u/与标准美国英语相比，舌位更靠后，北京人发的英语/u/与标准美国英语相比，舌位靠后。T检验显示在F1（p=0.413）上无显著差异，在F2（p=0.011）上有显著差异。与北京话里的/u/相比，在F1（p=0.332）上无显著差异，在F2（p=0.000）上有显著差异。马氏距离显示离标准美国英语发音更近，受北京话影响较小。

（四）北京地区英语学习者松紧元音习得

松紧元音的对立不仅有音质的对立，时长也是一个重要的特征。本节以/i/－/ɪ/、/u/－/ʊ/两组元音为例，研究北京英语学习者习得紧松元音时的时长模式。通过公式对时长进行了归一化处理以消除个人差异，其中D^N为归一后的时长，D代表时长原始数据，$MEAN_D$表示所有发音人时长的平均数：

$$D^N = D/MEAN_D$$

如图 3—3 所示，北京人习得英语松紧元音对时，短元音与标准美国英语在时长上均无显著差异（/ɪ/p = 0.157，/ʊ/p = 0.543），长元音与标准美国英语相比，/i/与标准美国英语无显著差异（p = 0.379），/u/比标准美国英语时长更长，统计结果显示两组间有显著差异（p = 0.044）。

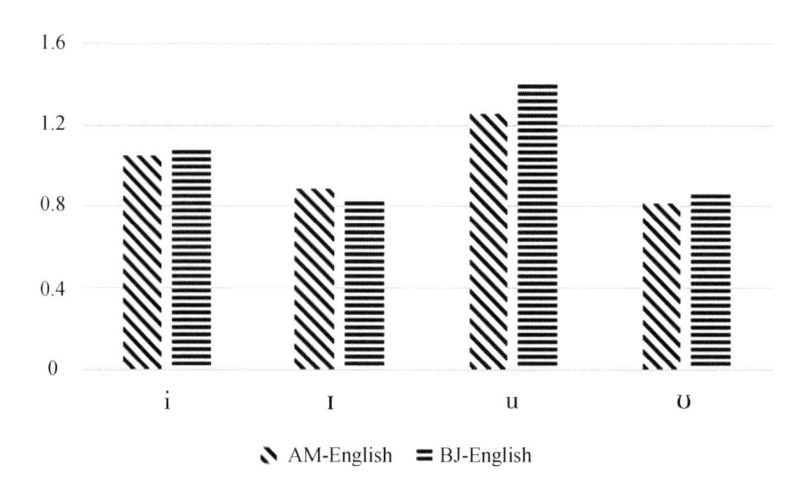

图 3—3　北京英语学习者与母语者松紧元音时长对比

为探究北京话在音长上对英语习得的迁移作用，我们对松紧元音中相似元音/i/、/u/在各语言中的时长进行了对比，结果如图 3—4 所示。数据分析表明，北京人所发英语/i/与标准美国英语无显著差异（p = 0.379），未受到北京话的影响，北京人发的英语/u/比标准美国英语时长更长，两组间有显著差异（p = 0.044），比北京话的/u/要长得多，同样未受到北京话的影响。

我们通过计算紧松元音的时长比（Fabra & Romero，2012）进一步比较母语者和英语学习者在松紧元音区分上的差别。表 3—6 中，北京英语学习者松紧元音的时长对比率比英语本族语者都要大，我们推测北京学习者可以区分紧松元音且主要通过扩大时长差

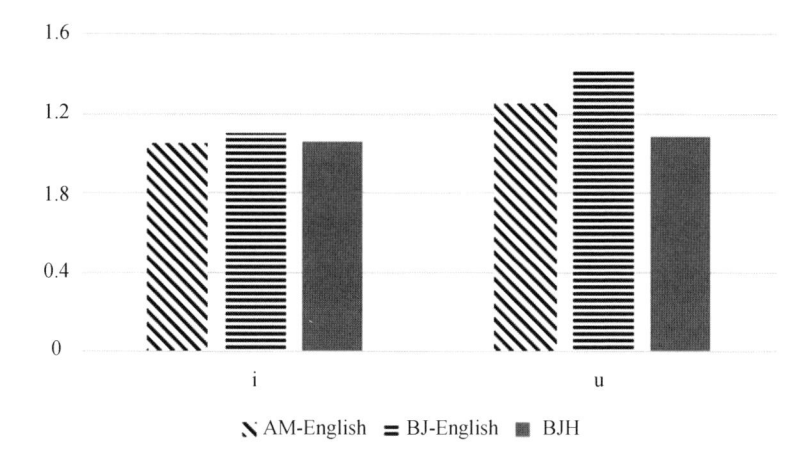

图3—4 /i/，/u/在各语言中的时长对比

异来区别松紧元音。

表3—6 母语为北京话的发音人/i/—/ɪ/，/u/—/ʊ/元音时长比

元音	标准美国英语	北京英语
/i/—/ɪ/	1.181629	1.328417
/u/—/ʊ/	1.542905	1.650026

（五）小结

本小节首先回顾了北京方言的音系，并将其和标准美国英语的音系进行比较，确定相似元音和特色元音。接着对收集的语料进行声学分析，比较北京英语学习者产出的英语元音和标准美国英语在整体趋势上的差异，并重点关注顶点元音在高低、前后维度上与标准美国英语的差异，在此基础上比较其和标准美国英语中对应元音、北京方言中相似元音的马氏距离。最后，本小节从时长这一角度考察了北京英语学习者松紧元音的习得情况。

整体而言，北京英语学习者产出的英语元音和标准美国英语相比，舌位都略高靠后；除了/i/、/ʌ/两个单元音习得良好以外，其余单元音习得并不理想。就顶点元音而言,北京英语学习者产出的英语/i/与北京话和标准美国英语中的相似元音相比差异不大;/u/与标准美国英语相比,舌位靠后,但其马氏距离和标准美国英语中/u/发音更接近,说明受方言影响较小。就松紧元音对立而言,北京英语学习者短元音与美音在时长上均无显著差异,长元音/u/比美音长且有显著差异,时长对比率比的结果表明北京人通过扩大时长差异来区别松紧元音。

二 天津地区英语学习者元音习得研究

(一) 天津方言背景介绍

天津简称津,意为天子渡河的地方,别名津沽、津门等。天津地处华北平原北部,海河下游,东临渤海,北依燕山,海河穿越天津市区蜿蜒入海,毗邻首都北京和河北省,素有"河海要冲"和"畿辅门户"之称,是中华人民共和国四大直辖市之一,也是中国北方最大的沿海开放城市。

天津方言有广狭之分,广义的天津方言指按照行政区划确定的地域范围内土著居民使用的语言,狭义的天津方言指市区内土著居民使用的语言。根据《中国语言地图集》(商务印书馆2012),广义的天津方言属于北方官话区,但是全市各区县方言归属并不完全一致。除了北部的武清方言属于北京官话区京承片怀承小片以外,其余地区的方言均属于冀鲁官话区保唐片,其中,北部的蓟县、宝坻、宁河和东部滨海新区的汉沽属蓟遵小片,市区属于天津小片,南部的静海、津南、东丽部分地区及滨海新区的大港属于定霸小片。从天津周围方言来看,天津北部、西部所属方言小片均与毗邻的其他省市方言小片一致,只有南部与冀鲁官话区沧惠片黄乐小片邻接(祁淑玲2015)。

李世瑜、韩根东(1991)认为天津是个方言岛,天津方言出于准,主要依据之一是其阴平调值与淮北一样。天津方言声调古今演变规律与周围北京话等四调型方言相同,但天津方言的阴平调值却与周围方言不同,今读低降调31(有人记为21)。《中国语言地图集》(商务印书馆2012)将天津方言从北方方言(后易名为"冀鲁官话")保唐片中单独分立出来,称为天津小片,最主要的标准之一就是今阴平读低降调21。

《普通话基础方言基本词汇集语音卷》(陈章太、李行健1996)中写到天津方言的声韵与普通话没有差别,只在声调上有差别,所以天津方言和普通话的单元音一样,共/ɿ/、/ʅ/、/i/、/u/、/y/、/a/、/ɤ/、/o/、/ər/ 9个,其中可以独立作为韵母的单元音有8个,为/ɿ/、/ʅ/、/i/、/u/、/y/、/a/、/ɤ/、/o/。

Wells(1996)提出标准美音的单元音有/i/、/ɪ/、/ɛ/、/æ/、/ɜ/、/u/、/ʊ/、/ɔ/、/ʌ/、/ɑ/,共10个。Flege(1987)提出,若母语与目标语中的某个语音由同一个国际音标表示,则这两个音可被视为相似语音。因此,就单元音而言,天津方言与英语语音系统中存在3个相似元音/a/、/i/、/u/。英语中有而天津方言中没有的元音有/æ/、/ɛ/、/ɜ/、/ɔ/、/ɪ/、/ʊ/、/ʌ/,共7个。另外,从声学角度来说,像国内其他大多方言一样,天津话元音并没有长短的差别,普通话也一样,而英语存在松紧元音的区别。

(二)天津英语学习者元音总体习得情况

图3—5为天津英语学习者的整体发音情况。其中x轴为第二共振峰(F2),代表元音发音的舌位前后,y轴为第一共振峰(F1),代表元音发音的舌位高低。英语元音系统中的元音有/i/、/ɪ/、/ɛ/、/æ/、/ɜ/、/u/、/ʊ/、/ɔ/、/ʌ/、/ɑ/,共10个。依据Ladefoged(2011)对英语语音系统的描述,其中/i/、/ɪ/、/ɛ/、/æ/为前元音,/ʌ/、/ɜ/为央元音,/ɑ/、/ɔ/、/ʊ/、/u/为后元音。从图3—5中我们可以大致看出天津英语学习者的前元音习得

的较好,央元音次之,后元音最差。结合表3—7中所有单元音第一和第二共振峰T检验的结果,下面我们对其进行分类对比分析。

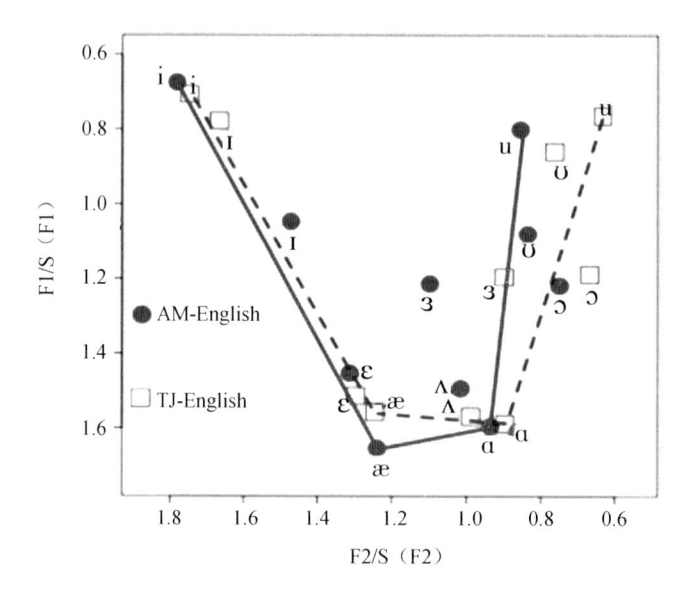

图3—5 天津英语学习者与母语者单元音声学元音

表3—7 英语本族语者与天津方言英语学习者单元音共振峰T检验结果

元音	比较对象	F1	F2
i	TJE-AME	0.213	0.343
ɪ	TJE-AME	0.000	0.000
æ	TJE-AME	0.000	0.762
ɛ	TJE-AME	0.004	0.679
ɜ	TJE-AME	0.258	0.000
ʌ	TJE-AME	0.012	0.109
ɑ	TJE-AME	0.357	0.095
ɔ	TJE-AME	0.292	0.000
u	TJE-AME	0.010	0.000
ʊ	TJE-AME	0.000	0.387

首先,对于天津英语学习者的前元音来说,/i/习得得比较

好。/ɛ/和/æ/的舌位与标准美国英语相比，仍存在舌位高低上的偏误。/ɪ/习得得最不好，原因可能是天津英语学习者对松紧元音/i/、/ɪ/的区分不明显。

其次，对于天津英语学习者的央元音来说，/ʌ/习得得较好，但是与标准美国英语相比仍存在舌位偏低的问题。天津英语和标准美国英语的/ɜ/在舌位前后上差异显著（$pF2=0.000$），具体表现为舌位靠后。

最后，天津英语学习者的后元音是习得得最差的，/ɑ/是其中习得得最好的一个，与标准美国英语相比在统计学上无显著差异。天津英语和标准美国英语的/ɔ/在舌位高低上差异不显著（$pF1=0.292$），在舌位前后上差异显著（$pF2=0.000$）。/u/的舌位高低和前后习得的均不理想，在舌位高低上，受天津话影响较大；在舌位前后上，与天津方言、天津普通话差异均显著，处于过渡状态。/ʊ/在舌位高低上差异显著，有可能是由于松紧元音区分不到位造成的，对于松紧元音的问题，我们将在下文中进一步讨论。

（三）天津地区英语学习者顶点元音习得情况

本书选取了3个语音体系中（英语、汉语普通话和天津方言）的顶点元音/i/、/u/、/a/加以对比，讨论方言与普通话对英语学习者英语元音产出的迁移影响。图3—6为天津英语学习者发的英语元音、天津方言、普通话的/i/、/u/、/a/以及标准美音/i/、/u/、/ɑ/的声学元音图。从整体上来看，天津方言和普通话的元音空间面积要比标准美国英语的大，这说明天津英语学习者产出的方言和普通话的开口度较大，由此对其习得英语元音/i/、/u/、/ɑ/产生了影响。

由图3—6我们可以看出，天津英语学习者的英语元音/i/、/u/、/ɑ/发音基本介于方言与普通话元音/i/、/u/、/a/和英语元音/i/、/u/、/ɑ/的构架之间，中介语语音既靠近方言和普通话的元音系统又向目标语语音偏移。

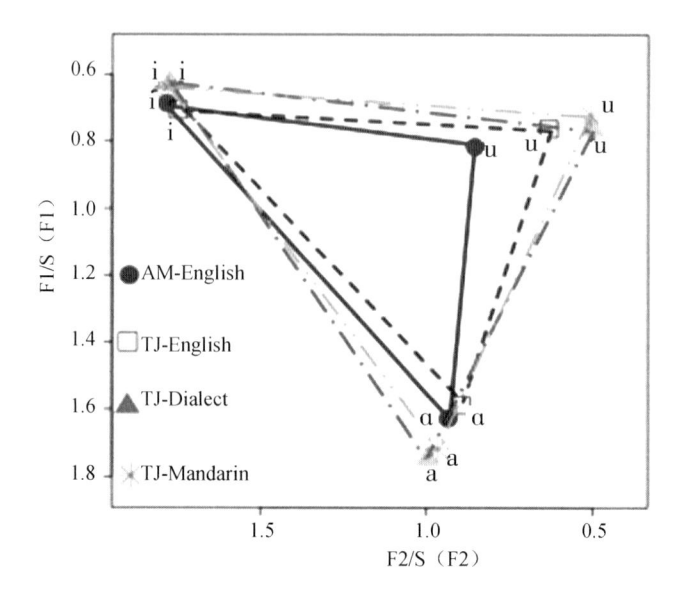

78 / 中国方言区英语学习者元音习得类型研究

图3—6 天津英语学习者与母语者顶点元音声学元音

通过单因素方差分析检测英语学习者所发英语元音/i/、/u/、/ɑ/与其普通话和方言中的对应元音是否存在显著差异,以此来说明方言和普通话对英语语音习得的影响。据表3—8可知,天津方言英语学习者产出的英语元音/ɑ/、/i/(p>0.05)在F1、F2的值上与其方言中的对应元音的值无显著差别;英语元音/i/(p>0.05)在F2上值与普通话中相应元音的值无显著差别。

表3—8　　　　　　　　单因素方差分析及马氏距离结果

元音	比较对象	F1	F2	MD
ɑ	TJE-TJD	0.357	0.095	1.9301
	TJE-TJM	0.039	0.000	2.2582
i	TJE-TJD	0.213	0.343	5.7229
	TJE-TJM	0.010	0.846	1.9104
u	TJE-TJD	0.010	0.000	26.6958
	TJE-TJM	0.000	0.000	15.3842

单因素方差分析的结果表明，方言或者普通话确实对英语语音习得产生了负迁移影响，但是却无法直接反映出元音的偏误到底是受方言的影响还是普通话的影响。因此，我们通过计算对应元音间马氏距离（=MD）的值来对上述问题做进一步说明。从表3—8可知，天津发音人产出英语元音/ɑ/受方言影响较大，/i/、/u/在发音上更靠近普通话。

（四）天津地区英语学习者松紧元音习得

标准美音元音系统中存在松紧元音的对立，但是天津方言和普通话中没有，所以能不能较好地区分松紧元音会在一定程度上影响天津英语学习者对元音的习得，所以我们先从舌位方面来看天津英语学习者能不能够区分松紧元音。

第一，美国发音人的/u/和/ʊ/在舌位高低上存在显著性的差异（$pF1 = 0.000$），在舌位前后上不存在显著性的差异（$pF2 = 0.540$），说明美国发音人的/u/和/ʊ/只区分舌位高低，不区分舌位前后。而天津发音人的/u/和/ʊ/在舌位高低和舌位前后上都存在显著性的差异（$pF1 = 0.000$，$pF2 = 0.000$）。这说明天津英语学习者们已经意识到了松紧元音/u/和/ʊ/在舌位上的区别并向着好的趋势发展，但是一方面他们不清楚这一差别是存在于舌位高低还是舌位前后，另一方面发音仍然受方言和普通话的影响而不到位。

第二，天津英语学习者的/i/和/ɪ/在舌位高低和舌位前后上存在显著性的差异（$pF1 = 0.001$，$pF2 = 0.013$），但是这并不能说明天津英语学习者可以跟本族语者一样在舌位上很好地区分/i/和/ɪ/。从图上可以看出，天津英语学习者习得的/ɪ/和/i/的距离较近，二者区分度不如标准美国英语的大，并且和标准美国英语中的/ɪ/距离很远，说明还是受到了方言和普通话中元音/i/的影响。

另外，就英语元音系统中有而天津方言和普通话元音系统中没有的两个元音/ɪ/、/ʊ/而言，天津英语和标准美音的/ɪ/在舌位高低和舌位前后上差异均显著（$p\text{F1} = 0.000$，$p\text{F2} = 0.000$），从图3—6可以看出舌位偏高靠前，说明习得得不理想。天津英语和标准美国英语的/ʊ/在舌位高低上差异显著（$p\text{F1} = 0.000$），从图3—6可以看出舌位偏高，在舌位前后上差异不显著（$p\text{F2} = 0.387$）。

（五）小结

在本小节中，我们首先回顾了天津话和普通话的音系，通过将其和标准美语的音系进行比较，确定相似元音和特色元音。接着对收集的语料进行声学分析，比较天津英语学习者产出的英语元音和标准美语在整体趋势上的差异，并重点关注顶点元音在高低、前后维度上与标准美国英语的差异。在此基础上，本节比较了其和标准美国英语中对应元音、天津方言中相似元音以及方言普通话中相似元音的马氏距离。最后，从音质角度考察了天津英语学习者松紧元音的习得情况。

整体而言，天津英语学习者的前元音习得较好，央元音次之，后元音最差。天津英语和标准美国英语/ɑ/和/i/的差异均不显著，说明天津英语学习者对于这两个元音习得程度较高。不过天津英语学习者产出的/u/在舌位高低上，受天津话影响较大，在舌位前后上，其发音正在由普通话和天津方言的元音系统向标准美国英语的元音系统过渡，有习得结果变好的趋势。就松紧元音而言，美国发音人产出的/u – ʊ/只区分舌位高低，不区分舌位前后，而天津发音人产出的/u – ʊ/在舌位高低和舌位前后上都存在显著性的差异，说明他们已意识到松紧元音在舌位上的区别并向着好的趋势发展，但可能不清楚这一差别是存在于舌位高低还是舌位前后。天津英语学习者产出的/i – ɪ/在舌位高低和舌位前后上存在显著性的差异，但是区分度不如标准美音大。

三 济南地区英语学习者元音习得研究

（一）济南方言背景介绍

济南，简称"济"，因地处古济水之南而得名，现为山东省省会。

因其境内泉水众多，拥有"七十二名泉"，又被称为"泉城"。济南位于山东省中西部，南依泰山，北跨黄河，背山面水，分别与西南部的聊城、北部的德州和滨州、东部的淄博、南部的泰安和莱芜交界。

济南在殷商时期属谭国地，西周至战国属齐国。汉文帝十六年为济南国。汉景帝二年为郡。隋改济南郡为齐州，后又改称齐郡。唐宋名称多有更替，至宋徽宗政和六年为济南府。明洪武元年置山东行省，定济南为山东首府，开始了济南作为山东省会的历史。民国十八年建济南市，辖历城县城和城外商埠及四郊等地，人口近40万人。1948年济南解放以后，行政区划有所调整。现在的济南市总面积已达8177平方千米，下辖6个市辖区、3个县、1个县级市。市辖区包括市中区、历下区、天桥区、槐荫区、历城区、长清区六区，县包括平阴县、济阳县、商河县，所辖县级市为章丘市。

济南方言属官话区，冀鲁官话—石济片。济南方言除少部分字存在文白和新老差别外，其余基本一致（李荣、钱曾怡1997）。根据李荣、钱曾怡（1997）的研究，济南方言中有25个声母（含零声母），38个韵母。其中，单韵母9个，分别是/a/、/i/、/ɨ/、/ʅ/、/ə/、/ɛ/、/ɔ/、/u/、/y/。

表3—9　　　　　　　　　　济南地区声母

p	pʰ	m	f	v	t	tʰ	n	l	k	kʰ	ŋ	x
ts	tsʰ	s	tʂ	tʂʰ	ʂ	ʐ	tɕ	tɕʰ	ɲ	ɕ	ø	

表3—10　　　　　　　　　　济南地区韵母

a	ə	ɨ	i	ɜ	ei	ɔ	ou	ã	ẽ	aŋ	əŋ
ia	iə	ʅ	u	iɜ	uei	iɔ	iou	iã	iẽ	iaŋ	iŋ
ua	uə	ər	y	uɜ				uã	uẽ	uaŋ	uəŋ
	yə							yã	yẽ		uŋ
											yŋ

表 3—11　济南方言、美式英语、普通话单元音对比

济南	a	i	ʅ	ʮ	ɤ	ɛ	ɔ	u		y
标准美国英语	ɑ	i	ɪ			ɛ	ʌ	ɔ	ɜ˞	u	ʊ	æ
普通话	a	i	ʅ	ʮ	ɣ	ɛ		u		y	o	ər

Wells（1996）认为标准美国英语中单元音有 10 个，分别是/ɑ/、/ʌ/、/i/、/ɪ/、/u/、/ʊ/、/ɛ/、/æ/、/ɜ/、/ɔ/。黄伯荣、廖旭东（2016）认为普通话中的单元音同样有 10 个，分别是/a/、/i/、/u/、/y/、/ər/、/ɣ/、/ɛ/、/o/、/ʅ/、/ʮ/。Flege（1996）认为母语与目标语中某两个语音由同一个国际音标表示，则这两个音可视为"相似语音"，否则目标语音称为"新语音"。从表 3—11 可知，济南方言、普通话与标准美国英语中存在/a/、/i/、/u/3 个相似元音。与标准美国英语相比，济南方言中特有的单元音有/y/、/ə/、/ʅ/、/ʮ/4 个，美语中特有的单元音有/ʌ/、/ɪ/、/ʊ/、/æ/、/ɜ/5 个。济南方言和普通话相比，单元音差异性较小，其中济南方言中特有的单元音有/ə/和/ɔ/，普通话特有的单元音有/ɣ/和/o/两个。

（二）济南地区英语学习者元音总体习得

根据 Watt and Fabricius Method 对 F1、F2 的值进行归一化处理后，通过 NORM 得到图 3—7，其表示母语者和济南发音人发英语单元音时的声学元音图。其中 x 轴为第二共振峰（F2），代表元音发音的舌位前后，y 轴为第一共振峰（F1），代表元音发音的舌位高低。

从图 3—7 可以很直观地看到，济南地区英语学习者在产出英语单元时与母语者存在着显著差异。济南方言英语学习者在产出前元音时，舌位更高且靠前。在产出后元音时，发音人整体上舌位偏高，在发/æ/和/ɑ/两音时，舌位偏高的趋势表现得尤为明显。在产出央元音时，所发/ɜ/音舌位偏后，所发/ʌ/音舌位偏低偏前。

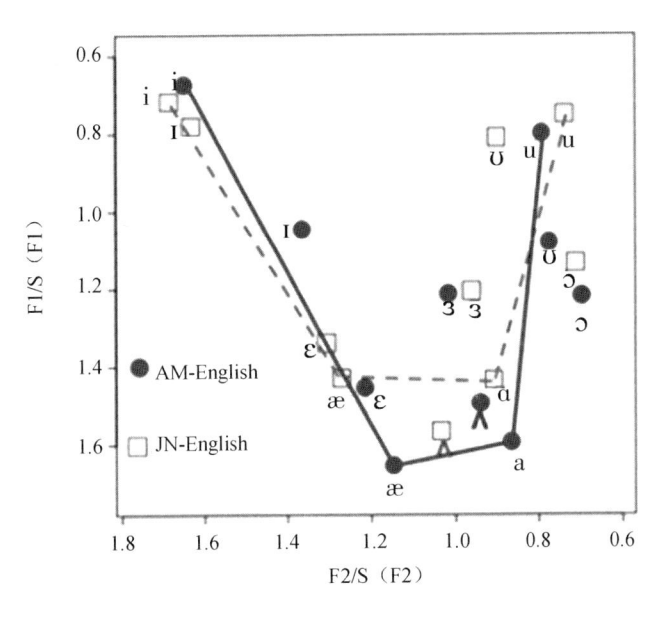

图3—7 济南英语学习者与母语者单元音声学元音图

为了验证图中观察到的结论,我们通过 SPSS 19 对方言区学习者和母语者对应元音的 F1、F2 值进行了独立样本 T 检验。统计结果表明,两组发音人在/ɪ/（$p<0.001$）,/æ/（$p<0.001$）,/ɛ/（$p<0.05$）,/ɑ/（$p<0.001$）,/ʌ/（$p<0.05$）,/ɔ/（$p<0.05$）,/ʊ/（$p<0.001$）共 7 个元音的 F1 值上存在着显著差异,并在以下几个元音的 F2 值上也存在着显著差异:/æ/（$p<0.05$）,/ɛ/（$p<0.05$）,/ɪ/（$p<0.001$）,/ʌ/（$p<0.05$）,/ʊ/（$p<0.001$）,/u/（$p<0.05$）。而济南学习者习得较好的音是/i/、/ɜ/,其 F1、F2 的值与母语者相比均无显著差异（$p>0.05$）。统计结果与图3—7 中观察结果基本相符。

（三）济南地区英语学习者顶点元音习得

Ellis（2000）认为,母语是造成第二语言学习者在学习过程中产生错误的根源之一,母语这种影响是对第二语言习得产生的负迁移作用。我们以/i/、/u/、/a/三个元音为例,来研究方言和普通话的元音系统对学习者习得英语单元音的影响。同样通过 NORM 进行画图，图3—7中横轴表示舌位的前后，纵轴表示舌位的高低。

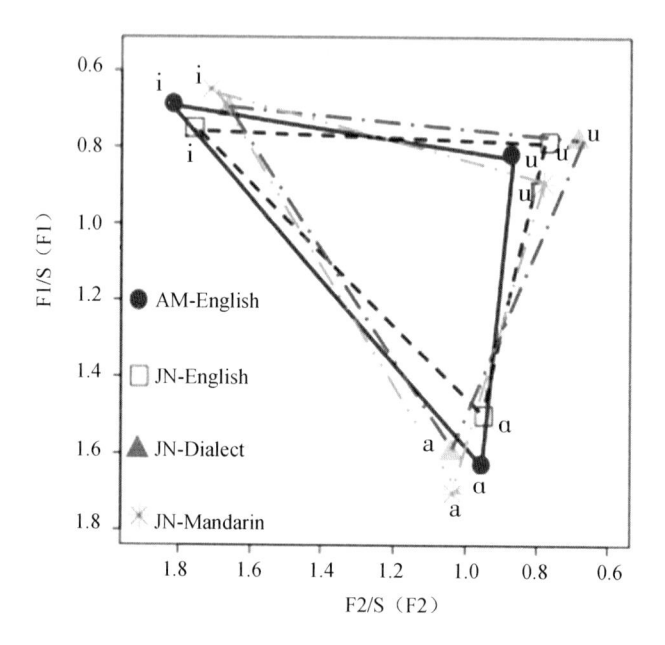

图3—8 济南英语学习者与母语者顶点元音声学元音

通过单因素方差分析检测英语学习者所发英语元音/i/、/u/、/ɑ/与其普通话和方言中的对应元音是否存在显著差异，以此来说明方言和普通话对英语语音习得的影响。据表3—12可知，济南方言英语学习者产出的英语元音/ɑ/、/i/和/u/（p>0.05）在F1的值上与其方言中的对应元音的值无显著差别；英语元音/i/和/u/（p>0.05）在F2上的值与普通话中相应元音的值无显著差别，通过上述数据我们可以推测济南发音人所发的英语/ɑ/没有受到普通话的影响。

表 3—12　　　　　　　　　单因素方差分析及马氏距离结果

元音	比较对象	F1	F2	MD
ɑ	JNE-JND	0.052	0.022	5.1958
	JNE-JNM	0.000	0.013	5.3248
i	JNE-JND	0.12	0.04	2.1131
	JNE-JNM	0.000	0.14	3.308
u	JNE-JND	0.847	0.041	9.0646
	JNE-JNM	0.001	0.995	8.8865

单因素方差分析的结果表明，方言或者普通话确实对英语语音习得产生了负迁移影响，但是却无法直接反映出元音的偏误到底是受方言的影响还是普通话的影响。因此，我们通过计算对应元音间马氏距离（MD）的值来对上述问题做进一步说明。从表 3—12 可知，济南发音人产出英语元音/ɑ/、/i/时受方言影响更大，/u/在发音上更靠近普通话。

（四）济南地区英语学习者松紧元音习得

发音器官肌肉紧张的程度不同也可以影响元音的音色。肌肉比较紧张的称为紧元音，肌肉比较松弛的称为松元音（林焘、王理嘉1992）。在英语中，元音的紧松可以区别意义，和紧元音相比，松元音发的更短、更低且更接近舌中央（Ladefoged 2011）。汉语中不存在紧松元音的对立，在习得相关元音时，中国学生往往通过时长对其加以区分，没有认识到紧松元音的本质差别在于其音色的不同。因为松元音/ʌ/、/æ/在美式英语中没有与之对应的音质近似的紧元音（Ladefoged 2011），所以本节以/i/-/ɪ/、/u/-/ʊ/两组元音为例，研究济南英语学习者习得紧松元音时是否也在时长上出现了偏误。

从图 3—9 可知，方言区学习者在产出紧元音时，时长多长于母语者，而在产出松元音时，/ɪ/的时长短于母语者，/ʊ/的时长长

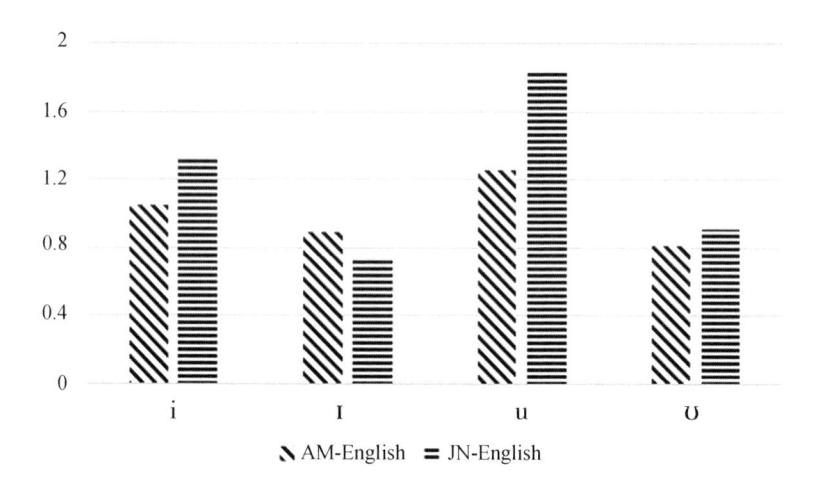

图3—9 母语者和济南发音人/i/-/ɪ/、/u/-/ʊ/元音时长

于母语者。将母语者和济南发音人对应元音间的时长进行独立样本T检验后发现，母语者与方言区发音人/u/的发音时长存在显著差异（p＜0.05），而其余元音的发音时长则没有显著差异（p＞0.05）。为了进一步说明方言和普通话在时长上对英语语音习得的影响，我们将发音人方言和普通话/i/和/u/两个元音的时长与美语中对应元音的时长进行了比较。图3—10显示，济南发音人用方言

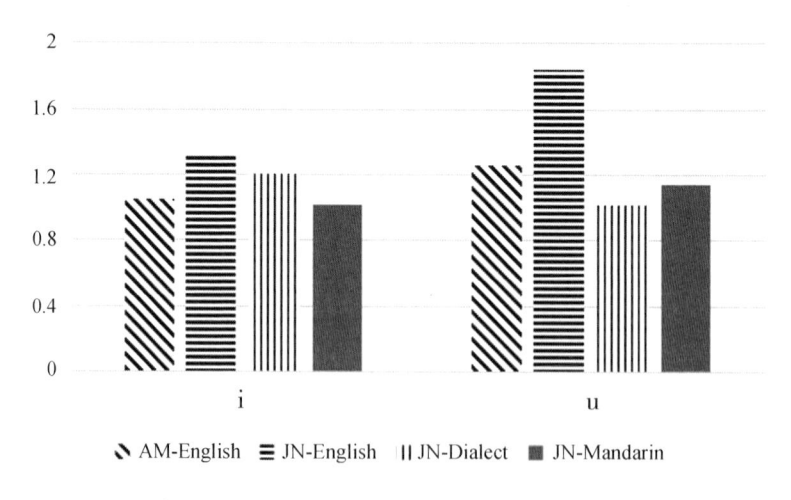

图3—10 母语者和济南发音人元音/i/、/u/时长

发/i/时，时长长于母语者所发对应英语元音的时长，因此我们推测发音人发英语/i/时受到方言影响较大，因此时长要长于本族语者。但是济南发音人方言和普通话中的/u/均短于英语/u/，而他们所产出的英语元音/u/的时长却显著长于本族语者，这一现象还需要我们做进一步的研究予以解释。

以上分析说明了发音人在产出紧松元音时在时长的表现上与母语者是不同的，然而，依然无法据此判断他们能否将紧松元音区分开。依前文所述，我们通过计算紧松元音的时长比（duration ratios）来说明这个问题。表3—13中，济南发音人产出紧松元音的时长比均大于母语者，我们推测中国学习者可以区分紧松元音且主要通过时长来加以区分。

表3—13　母语，济南发音人/i/-/I/，/u/-/ʊ/元音时长比

元音	母语	济南
i-I	1.182	1.543
u-ʊ	1.821	2.024

（五）小结

本小节首先回顾了济南方言的音系，并将其和标准美语的音系进行了比较，确定相似元音和特色元音。接着对收集的语料进行声学分析，比较济南英语学习者产出的英语元音和标准美国英语在整体趋势上的差异，并以顶点元音为例，考察了方言和普通话对英语元音习得的影响。最后，本小节还从时长角度考察了济南英语学习者松紧元音的习得情况。

整体而言，济南英语学习者产出的英语元音和标准美国英语相比，舌位整体偏高；除了/i/、/ɜ/两个单元音习得良好以外，其余单元音习得并不理想。就顶点元音而言，济南发音人产出英语元音

/ɑ/、/i/时受方言影响更大，/u/在发音上更靠近普通话。就松紧元音对立而言，母语者与方言区发音人/u/的发音时长存在显著差异（$p < 0.05$），而其余元音的发音时长则没有显著差异（$p > 0.05$），由时长比的结果推测，中国学习者可以区分紧松元音且主要通过时长来加以区分。

四　大连地区英语学习者元音习得研究

（一）大连方言背景介绍

1. 大连地理位置

大连，别称滨城，旧名达里尼、青泥洼，是辽宁省副省级市。大连位于辽宁省辽东半岛南端，地处黄、渤海之滨，背依中国东北腹地，南与山东半岛隔海相望，与韩国、朝鲜相邻。

2. 胶辽官话的起源和发展

《中国语言地图集》（商务印书馆 2012）并未有单独的胶辽官话图，贺巍（1986）绘制的"官话之二"和"官话之三"图中把胶辽官话分为青州片、登连片、盖桓片，总体上反映了胶辽官话的语言分布。张树铮（2007）简单论述了东北地区胶辽官话的形成历史，认为其与山东半岛和辽东半岛的联系是密不可分的。他指出："东北地区的胶辽官话是从山东半岛的居民带过来的。自古以来，因为地缘的原因，胶东地区与东北地区就有比较密切的联系。光绪末年，清政府解除'封禁'之后，山东人大量涌入东北，逐渐融合，形成了胶辽官话。"此外，张树铮（2007）也说明了东北地区胶辽官话的方言特征，认为辽东半岛的南部与胶东地区的胶辽官话更为接近，而越往北，胶辽官话的一些典型特征越弱，明显是受到了东北官话的影响。这也可以说明辽东的胶辽官话是胶东地区的胶辽官话跨海北渡的结果。辽东以北今属东北官话的东北广大地区，也有大量山东籍居民迁入，只不过后来其方言消融进了东北官话之中。

大连方言是胶辽官话的重要组成部分,是胶辽官话在辽东半岛的延伸,属于登连片中的大岫小片。由于辽东半岛在历史上与山东半岛交往密切,山东移民在大连的居民中比例较大,大连方言受山东方言影响很大。但大连方言有自身的特点,自称"此地人"的人能区别出"海南人"(山东移民及其后裔)说的话与"此地话"的不同(陈章太、李行健1996)。

3. 大连音系系统

根据陈章太、李行健(1996)的研究,大连方言有22个声母(包括零声母在内)、36个韵母,其中单韵母11个,分别为/a/、/i/、/ɤ/、/ʅ/、/ɣ/、/ɚ/、/u/、/y/、/e/、/ɛ/、/ɔ/。

表3—14　　　　　　　　大连方言声母

p	pʰ	m	f	t	tʰ	n	l	k	kʰ	x	ŋ
ts	tsʰ	s	tʂ	tʂʰ	ʂ	tɕ	tɕʰ	ɕ	ø		

表3—15　　　　　　　　大连方言韵母

ɿ	ʅ	ɚ	a	ə+	ɛ	e	ɔ	i	u	y
ɚu	an	ən	aŋ	əŋ	ia	ie	iau	iəu	ian	in	iaŋ	iŋ
ua	uo	uai	uei	uan	uən	uaŋ	uŋ	ye	yan	yn	yŋ

《语音学教程》(林焘、王理嘉1992)中提及汉语普通话中有9个单元音:/a/、/i/、/u/、/y/、/ɚ/、/ɣ/、/o/、/ɤ/、/ʅ/;Wells(1996)认为标准美国英语中单元音有10个,分别是/ɑ/、/ʌ/、/i/、/ɪ/、/u/、/ʊ/、/ɛ/、/æ/、/ɜ/、/ɔ/。Flege(1995)认为母语与目标语中某两个语音由同一个国际音标表示,则这两个音可视为"相似语音",否则目标语音称为"新语音"。大连方言、普通话与

标准美语中存在/a/、/i/、/u/、/ɔ/、/ɛ/5 个相似元音。与标准美国英语相比,大连方言中特有的单元音有/ɣ/、/y/、/ər/、/ʅ/、/ɿ/、/e/6 个,标准美国英语中特有的单元音有/ʌ/、/ɪ/、/ʊ/、/æ/、/ɜ/5 个。大连方言和普通话相比,单元音差异性较小,其中普通话特有的单元音有/o/一个,其余单元音与大连方言无差异。

表 3—16　　　　大连方言、标准美国英语、普通话音系对比

大连方言	a	i	ɿ	ʅ	ɣ	ər	u	y	e	ɛ	ɔ
标准美国英语	ɑ	i	ɪ	ɛ	æ	ʌ	ɔ	ɜ	u	ʊ	
普通话	a	i	ɿ	ʅ	ɣ	ər	u	y	o		

(二) 大连地区英语学习者元音总体习得情况

根据 Watt and Fabricius Method 对 F1、F2 的值进行归一化处理后,通过 NORM 得到图 3—11,表示大连英语学习者与母语者声学元音图。其中 x 轴为第二共振峰(F2),代表元音发音的舌位前后,y 轴为第一共振峰(F1),代表元音发音的舌位高低。

从图 3—11 可知,大连英语学习者在产出英语单元音时与母语者存在着显著差异。整体上看,前元音、央元音以及后元音都呈现出偏后的趋势。大连方言英语学习者在产出后元音/u/、/ʊ/、/ɔ/,以及央元音/ɜ/时,舌位更高且更靠后。在产出后元音/ʌ/时,发音人整体上舌位偏低,在发/æ/音时,舌位呈现偏高的趋势,在发/ɛ/音时,舌位呈现靠后的趋势。

为了验证图中观察到的结论,我们通过 SPSS 19 对大连英语学习者和母语者对应元音的 F1、F2 值进行了独立样本 T 检验。统计结果表明,两组发音人在/i/($p<0.05$),/ɪ/($p<0.001$),/ʌ/($p<0.05$),/ɜ/($p<0.001$),/æ/($p<0.001$),/ɔ/($p<0.001$),/ʊ/($p<0.001$),/u/($p<0.001$)8 个元音的 F1 值上存

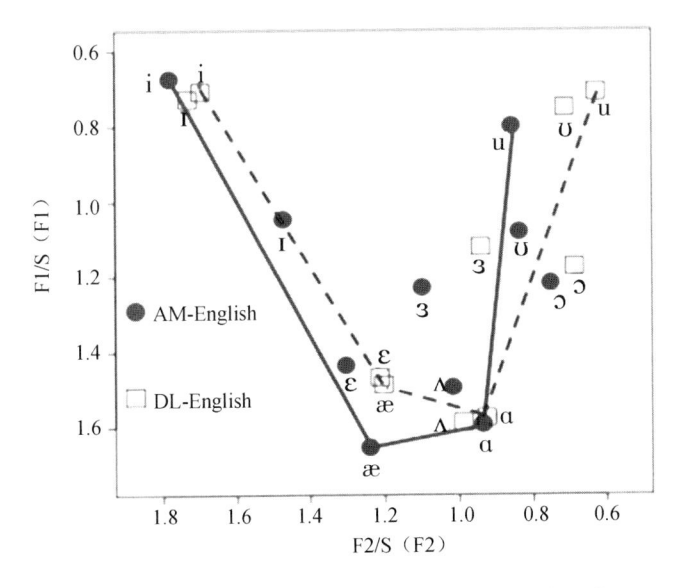

图 3—11 大连英语学习者与母语者单元音声学元音

在着显著差异,并在以下几个元音的 F2 值上也存在着显著差异:/i/ ($p < 0.001$),/æ/ ($p < 0.05$),/ɛ/ ($p < 0.001$),/ɪ/ ($p < 0.001$),/ɜ/ ($p < 0.001$),/ʊ/ ($p < 0.001$),/u/ ($p < 0.001$)。而大连英语学习者习得最好的音是/ɑ/,其 F1、F2 的值与母语者相比均无显著差异($p > 0.05$)。统计结果与图 3—11 中观察结果基本相符。

(三) 大连地区英语学习者顶点元音习得情况

图 3—12 为大连英语学习者发的英语元音、大连方言、普通话的/i/,/u/,/a/以及标准美国英语/i/,/u/,/ɑ/的声学元音图。下图中,横轴表示舌位的前后,纵轴表示舌位的高低。

通过单因素方差分析,检测大连英语学习者所发英语元音/ɑ/与标准美国英语在 F1,F2 上均无显著差异($p > 0.05$),而/u/、/i/音在 F1,F2 值上均有显著差异($p < 0.05$)。据表 3—17 可知,大连方言英语学习者产出的英语元音/i/,/u/同标准美国英语、方言、普通话均有所差异,需要进一步的验证。

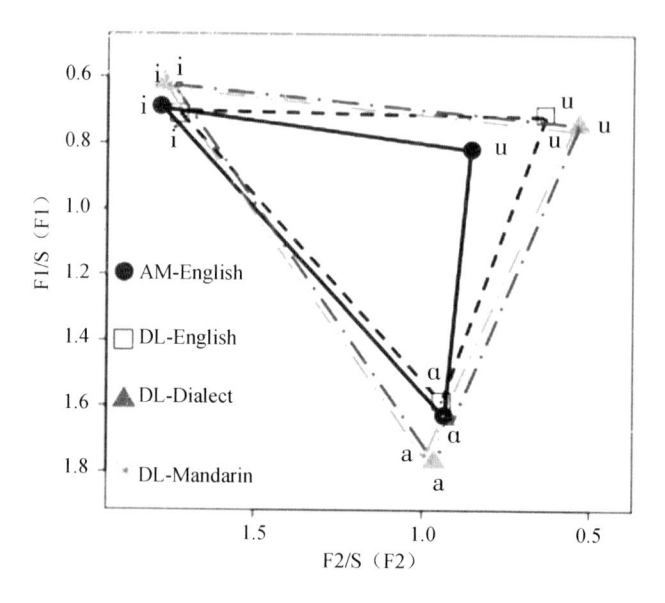

图 3—12　大连英语学习者与母语者顶点元音声学元音

本节通过计算对应元音间马氏距离（MD）的值来说明上述问题。从下图 3—17 可知，大连发音人所发英语元音 /i/ 受方言影响较大，与方言中的单元音 /i/ 相似，而大连发音人所发元音 /u/ 虽与标准美国英语有所区别，但是可能存在逐步过渡的趋势。

表 3—17　　　　　　　　单因素方差分析结果

元音	比较对象	F1	F2	MD
i	DLE-AME	0.030	0.004	3.5387
	DLE-DLD	0.000	0.012	2.2744
	DLE-DLM	0.000	0.118	2.8121
u	DLE-AME	0.000	0.000	4.0143
	DLE-DLD	0.056	0.000	8.0679
	DLE-DLM	0.053	0.000	6.1788

（四）大连地区英语学习者松紧元音习得

通过独立样本 T 检验发现，哈尔滨发音人的 /ɪ/ 音同 /i/ 相比

(pF1 > 0.05, pF2 > 0.05) 无差异，大连发音人不区分长短 /i - ɪ/；哈尔滨英语的 /ʊ/ 音同 /u/ 相比（pF1 > 0.05, pF2 < 0.05），/ʊ/ 音舌位更靠前，大连发音人区分长短 /u/ - /ʊ/ 音；松紧元音的对立不仅有音质的对立，时长也是一个重要的特征。本节以 /i - ɪ/、/u/ - /ʊ/ 两组元音为例，研究大连英语学习者习得紧松元音时是否也在时长上出现了偏误。通过公式对时长进行了归一处理，D^N 为归一后的时长，D 代表时长原始数据，$MEAN_D$ 表示所有发音人时长的平均数：

$$D^N = D/MEAN_D$$

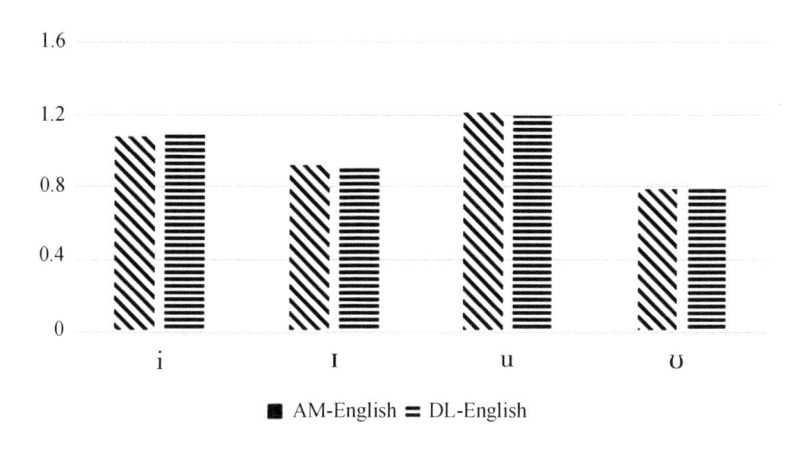

图3—13 母语者和大连发音人 /i/ - /ɪ/、/u/ - /ʊ/ 元音时长

图3—13 为大连方言英语学习者和英语本族语者松紧元音时长对比图。大连方言英语学习者松紧元音 /i/，/ɪ/，/u/，/ʊ/ 的发音时长同英语本族语者相比，在音长上没有明显差异。独立样本 t 检验的结果进一步证实了这一发现，两组发音人 /i/，/ɪ/，/u/，/ʊ/ 的发音时长均没有显著差异（p > 0.05）。

（五）小结

本小节考察了大连英语学习者的单元音习得状况。首先，本节回顾了大连话和普通话的音系，并将其和标准美国英语的音系进行比较，确定相似元音和特色元音。接着对收集的语料进行声学分析，比较大连英语学习者产出的英语元音和标准美国英语在整体趋势上的差异，并重点关注顶点元音在高低、前后维度上与标准美国英语的差异。在此基础上，本节比较了其和标准美国英语中对应元音、大连方言中相似元音以及方言普通话中相似元音的马氏距离。最后，本小节从音质和时长两个角度考察了大连英语学习者松紧元音的习得情况。

就整体趋势而言，大连英语学习者在产出英语单元音时与母语者存在着显著差异，前、央、后元音都呈现偏后的趋势。就顶点元音产出而言，大连英语学习者产出的英语元音/ɑ/与标准美国英语在F1、F2上均无显著差异，产出水平较高，但/i/与方言中的单元音相似，受方言影响较大。/u/虽与标准美国英语也有所区别，但是可能存在逐步过渡的趋势。就松紧元音的产出而言，大连发音人在音质上不区分/i-ɪ/，不过可以区分/u-ʊ/音；在时长上，大连英语学习者的/i-ɪ/、/u-ʊ/松紧元音的时长和标准美国英语的差异相对较小。

五　哈尔滨地区英语学习者元音习得研究

（一）哈尔滨方言背景介绍

1. 哈尔滨地理位置简介

哈尔滨市位于我国东北平原东北部地区、黑龙江省南部，是黑龙江省省会。东与牡丹江市、七台河市接壤，北与伊春市、佳木斯市、绥化市、大庆市接壤，南与吉林省长春市、吉林市、延边朝鲜族自治州接壤。

2. 东北官话的起源与发展

《中国语言地图集》（香港朗文出版社1987）对东北官话进行了详细的分区描述，指出："东北官话主要使用于黑龙江、吉林、辽宁三省和内蒙古跟这三省毗连的地区。"尹世超（1994）认为黑龙江、吉林、辽宁三省和内蒙古跟这三省毗连的地区，是一个多民族聚居的地区。但在相当长的历史时期内，汉族人一直很少。历代在这一地区占统治地位的民族所使用的语言都属于阿尔泰语系。从辽代开始，才有大批汉族人从内地移居东北。这些汉族人大都是契丹建立辽国前后，从幽燕地区被掠夺到东北的。随着时间的推移和与少数民族的交往，他们所说的幽燕方言的影响逐渐扩大。金灭辽后，继续强迫大批关内汉族人移居东北。他们和早期来的汉族人加在一起，数量已相当可观。汉族文化高，人口多，汉语在东北各族语言中自然就占了优势。这种汉语就是以燕京话为中心的幽燕方言，在与东北少数民族语言密切接触过程中，形成的早期的东北官话。在清代又有大批关内汉族人移居东北，使汉族人在这地区分布更多更广，逐渐成为主体民族。东北官话也随之进一步东进北上，影响越来越大。清朝废除禁垦令之后，河北、山东等地的汉族移民大量涌入，形成高峰。近百年来，特别是中华人民共和国成立以后，随着东北工业和社会的发展，移民仍络绎不绝。东北官话以一千来年前的幽燕方言为基础，受到当地少数民族语言的影响，并两次"回归"北京，和北京话保持联系，相互影响，日趋接近。现代的东北官话多少也受到河北、山东等地方言，以及俄语、日语的影响，但并未因此发生重大变化。

尹世超（1994）指出，哈尔滨方言属于哈阜片中的肇扶小片，其内部差别不大，只是老年人、中年人和青少年一代日常使用的口语略有差异。

3. 哈尔滨音系系统

根据陈章太、李行健（1996）的研究，哈尔滨方言有 22 个声母（包括零声母在内）、37 个韵母，其中单韵母 8 个，分别为 /a/、/i/、/ɤ/、/ʅ/、/ɣ/、/ər/、/u/、/y/。

表3—18　　　　　　　　　　哈尔滨方言声母

p	pʰ	m	f	t	tʰ	n	l	k	kʰ	x
ts	tsʰ	s	tʂ	tʂʰ	ʂ	ʐ	tɕ	tɕʰ	ɕ	ø

表3—19　　　　　　　　　　哈尔滨方言韵母

a	ɣ	ɿ	ʅ	i	u	y	ər	
ai	ei	au	ou	ua	uo	uai	uei	
ia	iɛ	iau	iou	ian	iaŋ	in	iŋ	
n	aŋ	ən	əŋ	uan	uən	uaŋ	uəŋ	uŋ
yŋ	yɛ	yan	y					

4. 哈尔滨方言、普通话、标准美语音系对比

《语音学教程》（林焘、王理嘉1992）中提及汉语普通话中有9个单元音：/a/、/i/、/u/、/y/、/ər/、/ɣ/、/o/、/ɿ/、/ʅ/；Wells（1996）认为标准美国英语中单元音有10个，分别是/ɑ/、/ʌ/、/i/、/ɪ/、/u/、/ʊ/、/ɛ/、/æ/、/ɜ/、/ɔ/。哈尔滨方言、普通话与标准美国英语中存在/a/、/i/、/u/三个相似元音。与标准美国英语相比，哈尔滨方言中特有的单元音有/ɣ/、/y/、/ər/、/ɿ/、/ʅ/ 5个，标准美国英语中特有的单元音有/ʌ/、/ɪ/、/ʊ/、/æ/、/ɛ/、/ɔ/、/ɜ/ 7个。哈尔滨方言和普通话相比，单元音差异性较小，其中普通话特有的单元音有/o/一个，其余单元音与哈尔滨方言无差异。

表3—20　　　　哈尔滨方言、普通话、标准美语音系对比

哈尔滨方言	a	i	ɿ	ʅ	ɣ	ər	u	y	
标准美国英语	ɑ	i	ɪ	ɛ	æ	ʌ	ɔ	ɜ	u	ʊ
普通话	a	i	ɿ	ʅ	ɣ	ər	u	y	o

(二) 哈尔滨地区英语学习者元音总体习得情况

根据 Watt and Fabricius Method 对 F1、F2 的值进行归一化处理后，通过 NORM 得到图 3—14，其表示哈尔滨英语学习者与母语者声学元音图。其中 x 轴为第二共振峰（F2），代表元音发音的舌位前后，y 轴为第一共振峰（F1），代表元音发音的舌位高低。

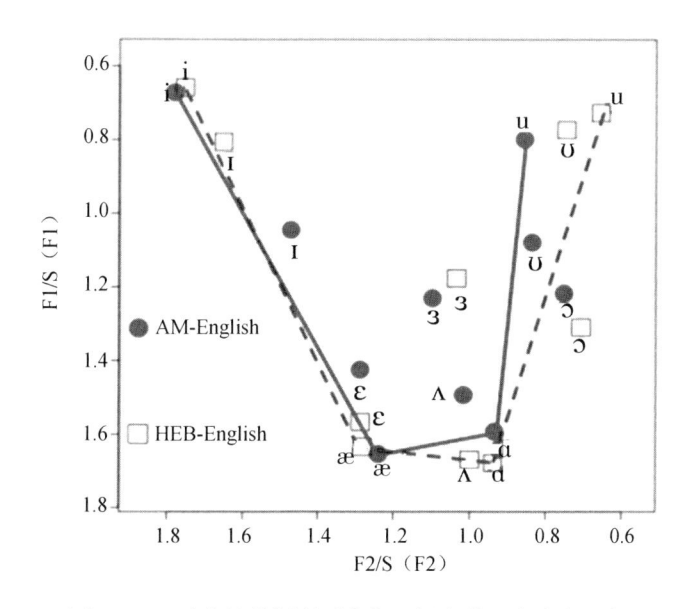

图 3—14　哈尔滨英语学习者与母语者单元音声学元音

从图 3—14 可知，哈尔滨英语学习者在产出英语单元音时与母语者存在着显著差异。哈尔滨方言英语学习者在产出后元音/u/、/ʊ/以及央元音/ɜ/时，舌位更高且更靠后。在产出后元音/ɑ/、/ʌ/、/ɔ/时，发音人整体上舌位偏低。在发/æ/音时，舌位呈现靠前的趋势。在发/ɛ/音时，舌位呈现偏低的趋势。在产出前元音/ɪ/时，哈尔滨发音人同母语者差异甚大。

为了验证图中观察到的结果，我们通过 SPSS 19 对哈尔滨英语学习者和母语者对应元音的 F1、F2 值进行了独立样本 T 检验。统计结果表明，两组发音人在/ɪ/（$p < 0.001$），/ʌ/（$p < 0.001$），

/ɛ/ (p<0.001), /ɑ/ (p<0.001), /ɔ/ (p<0.001), /ʊ/ (p<0.001), /u/ (p<0.001) 共 7 个元音的 F1 值上存在着显著差异，并在以下几个元音的 F2 值上也存在着显著差异：/æ/ (p<0.05), /ɝ/ (p<0.001), /ɪ/ (p<0.001), /ɔ/ (p<0.001), /ʊ/ (p<0.001), /u/ (p<0.001)。哈尔滨英语学习者习得最好的音是/i/，其 F1、F2 的值与母语者相比均无显著差异（p>0.05）。统计结果与图 3—14 中观察结果基本相符。

（三）哈尔滨地区英语学习者顶点元音习得

图 3—15 为哈尔滨英语学习者发的英语元音、哈尔滨方言、普通话的/i/、/u/、/a/以及标准美音/i/、/u/、/ɑ/的声学元音图。下图中，横轴表示舌位的前后，纵轴表示舌位的高低。

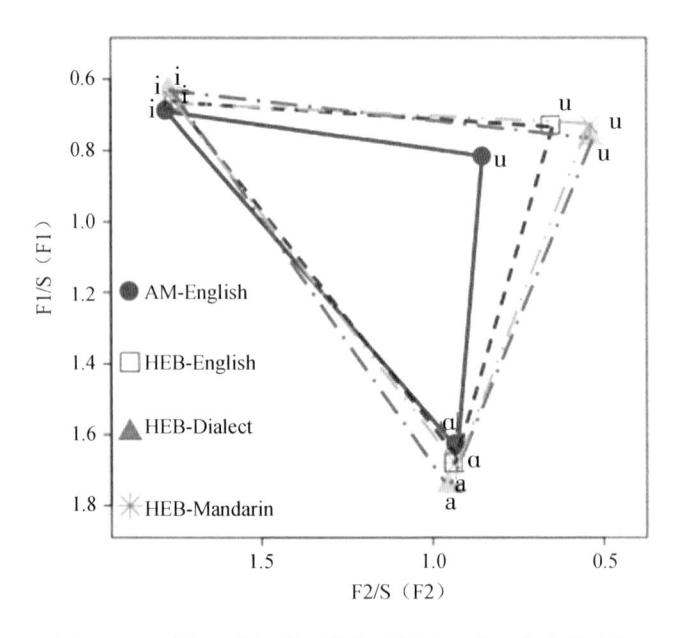

图 3—15 哈尔滨英语学习者与母语者顶点元音声学元音

通过单因素方差分析检测哈尔滨英语学习者所发英语元音/i/与标准美国英语在 F1，F2 上均无显著差异（p>0.05），而/u/音在 F1，F2 值上均有显著差异（p<0.001），/ɑ/音在 F1 值上有显著差异（p<0.001）。据表3—21可知，哈尔滨方言英语学习者产出的英语元音/ɑ/在 F1，F2 的值上与其方言中的对应元音的值无显著差别，据此我们推测哈尔滨人所发英语元音/ɑ/受方言影响较大；而英语元音/i/本身习得理想，无须再做对比；/u/同标准美国英语、方言、普通话均有所差异，需要进一步的验证。

我们通过计算对应元音间马氏距离（MD）的值来说明上述问题。从下表可知，哈尔滨发音人所发英语元音/ɑ/受方言影响较大，与方言中的单元音/a/相似，符合 SPSS 数据结论；而哈尔滨发音人所发元音/u/虽与标准美国英语有所区别，但是可能存在逐步过渡的趋势。

表3—21　　　　　　　　单因素方差分析结果

元音	比较对象	F1	F2	MD
ɑ	HEBE-AME	0.021	0.808	2.6622
	HEBE-HEBD	0.084	0.472	1.4154
	HEBE-HEBM	0.032	0.817	2.9261
u	HEBE-AME	0.040	0.000	5.1271
	HEBE-HEBD	0.260	0.000	11.0967
	HEBE-HEBM	0.289	0.000	5.5511

（四）哈尔滨地区英语学习者松紧元音习得

通过独立样本检验发现，哈尔滨发音人的/ɪ/音同/i/相比（pF1<0.01，pF2<0.01）差异大，哈尔滨发音人区分长短/i-ɪ/；哈尔滨英语的/ʊ/同/u/相比（pF1>0.05，pF2<0.05），/ʊ/音舌位更靠前，哈尔滨发音人区分长短/u-/ʊ/音；松紧元音的对立不仅有音质的对立，时长也是一个重要的特征。本节以/i-ɪ/、/u-/ʊ/两组元音为例，研究哈尔滨英语学习者习得紧松元音时是否也在时

长上出现了偏误。通过公式对时长进行了归一处理，D^N 为归一后的时长，D 代表时长原始数据，$MEAN_D$ 表示所有发音人时长的平均数：

$$D^N = D/MEAN_D$$

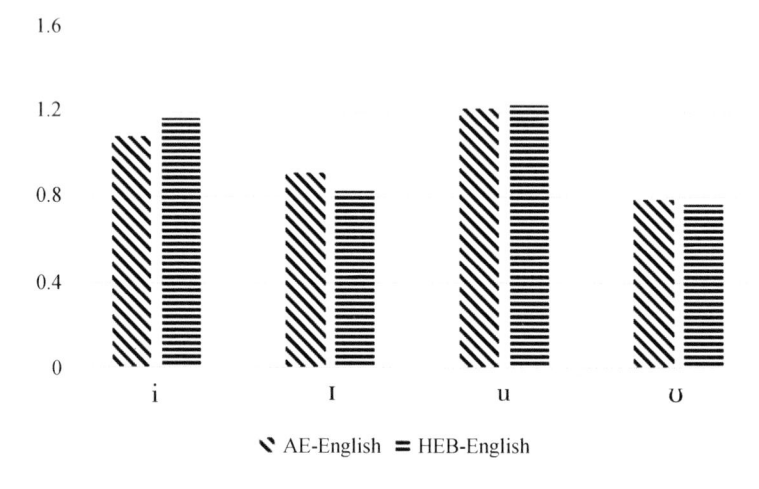

图 3—16　母语者和哈尔滨发音人 /i/ - /ɪ/、/u/ - /ʊ/ 元音时长

通过图 3—16 我们可得知，哈尔滨方言英语学习者 /i/、/ɪ/ 的发音时长与英语本族语者相比，在音长上存在较大差异。具体来讲，哈尔滨方言英语学习者 /i/ 的时长比英语本族语者 /i/ 的时长要长，而哈尔滨方言英语学习者 /ɪ/ 的时长比英语本族语者 /ɪ/ 的时长明显更短。哈尔滨方言英语学习者松紧元音 /u/、/ʊ/ 在音长上则没有明显差别，与英语本族语者产出的松紧元音音长相似。独立样本 t 检验的结果进一步证实了上述发现，两组发音人 /i/（$p = 0.033$），/ɪ/（$p = 0.021$）的发音时长存在显著差异，而松紧元音 /u/、/ʊ/ 的发音时长则没有显著差异（均为 $p > 0.05$）。

（五）小结

本小节研究了哈尔滨地区英语学习者对英语单元音的总体习得情况，并分别考察了其对顶点元音 /i/、/u/、/ɑ/ 以及松紧元音

/i/、/ɪ/、/u/、/ʊ/的习得情况。研究结果表明,哈尔滨英语学习者在产出英语单元音时,其与母语者存在显著差异。具体表现为,与母语者相比,哈尔滨学习者产出后元音/ɑ/、/ʌ/、/ɔ/时舌位偏低,而/后元音 u/、/ʊ/与央元音/ɜ/舌位偏高且更靠后;哈尔滨学习者发前元音/æ/时,舌位呈现靠前的趋势,发/ɛ/音时,舌位呈现偏低的趋势,发/ɪ/时,同母语者差异甚大。关于顶点元音,哈尔滨学习者对/i/的习得效果最理想,其舌位高低前后与母语者均无显著差异,而/u/的习得效果较差,舌位高低前后与母语者均有显著差异,产出的/ɑ/在舌位高低上与母语者有差异,但与其方言中对应元音无显著差异,这表明哈尔滨学习者所发英语元音/ɑ/受方言影响较大。关于松紧元音,在时长方面哈尔滨学习者紧元音/i/和松元音/ɪ/时长跟标准美国英语的差异较大,紧音/u/和松音/ʊ/同标准美国英语的差异相对较小。

六 西安地区英语学习者元音习得研究

(一) 西安方言背景介绍

1. 西安地理位置

西安市地处陕西省渭河平原中部,地势大体为东南高,西北、西南低,呈簸箕状。南部为秦岭山地,北部是渭河冲积平原,境内河流密集,水源丰富,属暖温带半湿润季风气候。西安历史悠久,十三朝古都,现为陕西省省会,西安市今管辖新城、碑林、莲湖、灞桥、雁塔、未央、阎良、长安、临潼、高陵十个区,蓝田、周至两个县。1990 年,全市人口 6179552 人,其中汉族人口占 98%(李荣、王军虎 1996)。西安居民大部分是西安当地人和来自关中的移民。西安方言属于北方方言中原官话的关中片。《西安方言词典》(李荣、王军虎 1996)提到通常说的西安话指新城、碑林、莲湖、灞桥、雁塔和未央六个区的方言。

2. 西安方言音系描写

参考《西安方言词典》（李荣、王军虎1996），西安方言有26个声母，包括零声母在内，韵母有39个。

表3—22　　　　　　　　　西安方言声母

p	pʰ	m	pf	pfʰ	f	v	t	tʰ	n	l	ts	tsʰ
s	tʂ	tʂʰ	ʂ	ʐ	tɕ	tɕʰ	ɕ	k	kʰ	ŋ	x	Ø

表3—23　　　　　　　　　西安方言韵母

ɿ	ʅ	ɚ	a	ɛ	ɯ	ɤ	o	ei	ɑu	ou	ẽ	æ̃	əŋ	ɑŋ
i		iɑ	iɛ					iɑu	iou	iẽ	iæ̃	iŋ	iɑŋ	
u		uɑ	uɛ			uo	uei			uẽ	uæ̃	uŋ	uɑŋ		
y			yɛ			yo				yẽ	yæ̃	yŋ			

西安方言中 [ɛ, uɛ] 有时读 [ɛe, uɛe]，主要元音有动程，而 [iɛ, yɛ] 中的 [ɛ] 开口度略小，近 [ie, ye]，主要元音无动程。

[ẽ, iẽ, uẽ, yẽ] 有的人读成 [ən, in, uən, yn]。

[ɑŋ, iɑŋ, uɑŋ] 三个韵母的鼻韵尾较弱。

西安方言除 [ɚ, ɯ] 韵外，其余37个韵母在口语中都可以儿化。

3. 西安方言语音演变

西安话内部有新老派差别，新派是受普通话影响形成。有回民和汉民差别，主要体现在词汇上（如亲属称谓）以及回民在日常用语中使用伊斯兰教经文词语。有城区和郊区的差别，但差别并不统一。新老派读音差异体现在：老派读 [pf, pfʰ, fv]，新派读 [tʂ, tʂʰ, ʂʐ]；老派读 [fi, vi]，新派读 [fei, vei]。

4. 西安方言、普通话、美音音系对比

《语音学教程》（林焘、王理嘉1992）中提及汉语普通话中有

9个单元音:/a/、/i/、/u/、/y/、/ər/、/ɤ/、/o/、/ʅ/、/ɿ/；4个单字调：阴平55，阳平35，上声214，去声51。

Wells（1996）提出标准美音中的单元音有/ɑ/、/ʌ/、/i/、/ɪ/、/u/、/ʊ/、/ɛ/、/æ/、/ɜ/、/ɔ/10个。西安方言中的单元音有/ɑ/、/i/、/u/、/y/、/ɛ/、/ɤ/、/ər/、/ʅ/、/ɿ/、/ɯ/、/o/11个。普通话中的单元音有/a/、/i/、/u/、/y/、/ɤ/、/ər/、/ʅ/、/ɿ/、/o/9个。如表3—23所示西安方言、普通话和标准美国英语中共有的3个相似音：/ɑ/（/a/）、/i/、/u/；比标准美音相比，西安方言特有7个单元音/y/、/ɤ/、/ər/、/ʅ/、/ɿ/、/ɯ/、/o/；相反，标准美国英语特有6个单元音/ʌ/，/ɪ/，/ʊ/，/æ/，/ɜ/，/ɔ/。

表3—24　　　　　西安方言、普通话、美音音系对比

西安方言	ɑ	i	u	y	ɛ	ɤ	ər	ʅ	ɿ	ɯ	o
标准美国英语	ɑ	i	u	ʊ	ɛ	ʌ	æ	ɪ	ɜ	ɔ	
普通话	a	i	u	y		ɤ	ər	ʅ	ɿ		o

（二）西安地区英语学习者元音总体习得

根据Watt and Fabricius Method对F1、F2的值进行归一化处理后，通过NORM得到图3—17，其表示西安英语学习者与母语者声学元音图。其中x轴为第二共振峰（F2），代表元音发音的舌位前后，y轴为第一共振峰（F1），代表元音发音的舌位高低。

从图3—18可知，西安英语学习者在产出英语单元音时与美国本族语者存在显著差异。西安发音人在习得前元音时舌位整体偏高、偏后；习得央元音时，/ʌ/舌位偏低偏后；/ɜ/舌位偏高偏后；后元音中除/u/外舌位均呈现靠前的趋势。

（三）西安方言英语学习者顶点元音习得情况

从总体的空间舌位图来看，与标准美国英语相比，西安方言、

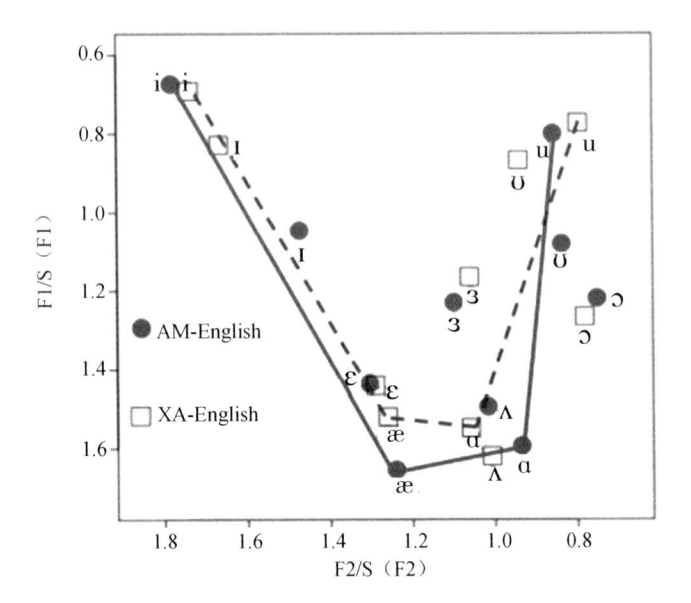

图3—17 西安英语学习者与母语者单元音声学元音

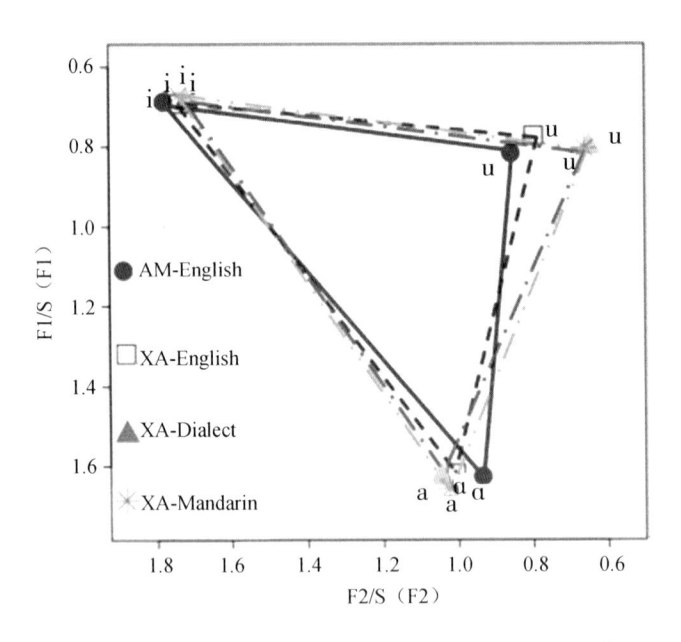

图3—18 西安英语学习者与母语者顶点元音声学元音

普通话/i/、/u/舌位靠后，/a/舌位靠前、靠下；与标准美音相比，西安英语/i/舌位靠近标准美音/i/，习得理想，/u/舌位靠后、靠上，/ɑ/舌位靠前。

本节运用 SPSS 统计中 T 检验来探究单元音之间的差异性，同时从马氏距离的角度进一步验证其受方言/普通话相似音影响程度。与标准美国英语相比，西安英语/i/习得最理想（F1 F2p＞0.05），方言、普通话、英语相似度高，差异性均不显著（F1F2p＞0.05），在元音舌位图上表现为相近。就标准美国英语而言，西安英语/ɑ/舌位高低习得理想（F1p＞0.05、F2p＜0.05），舌位前后更受普通话影响靠前（马氏距离 mahal = 3.5279）。就标准美国英语而言，西安英语/u/舌位高低习得理想（F1p＞0.05、F2p＜0.05），其舌位前后受普通话影响靠后（马氏距离 mahal = 3.5861）。

表3—25　　　西安发音人英语—标准美国英语、英语—方言、
英语—普通话的马氏距离值

元音	比较对象	马氏距离	单因素方差分析	T 检验
ɑ	XAE-AME	3.4179	0.884，0.001	F1p＞0.05，F2p＜0.05
	XAE-XAD	4.7726	0.378，0.432	p＞0.05
	XAE-XAM	3.5279	0.745，0.703	p＞0.05
i	XAE-AME	5.8107	0.889，0.203	p＞0.05
	XAE-XAD	2.5596	0.349，0.826	p＞0.05
	XAE-XAM	3.07	0.725，0.892	p＞0.05
u	XAE-AME	3.9501	0.118，0.046	F1p＞0.05，F2p＜0.05
	XAE-XAD	9.5058	0.434，0	F1p＞0.05，F2p＜0.05
	XAE-XAM	3.5861	0.135，0.016	F1p＞0.05，F2p＜0.05

（四）西安地区英语学习者松紧元音习得

与母语者相比，西安英语学习者对松元音/ɪ/、/ʊ/的习得情况均不理想，T 检验结果表明，学习者所产出的松元音在 F1 和 F2 与标准美国英语相比都有显著差异（F1 p＜0.05、F2 p＜0.05）。松

紧元音的对立不仅有音质的对立，时长也是很重要的一个特征。从音质上看，西安发音人在舌位高低、前后上均能区分/ɪ/与/i/，/ʊ/与/u/（F1 $p<0.05$、F2 $p<0.05$）。在时长上，我们通过对时长进行归一处理后得到图3—19。结合表3—26可知，西安英语/ɪ/时长比标准美音短；西安英语/ʊ/时长和标准美音差距小；西安英语/i/、/u/时长均比标准美音长。

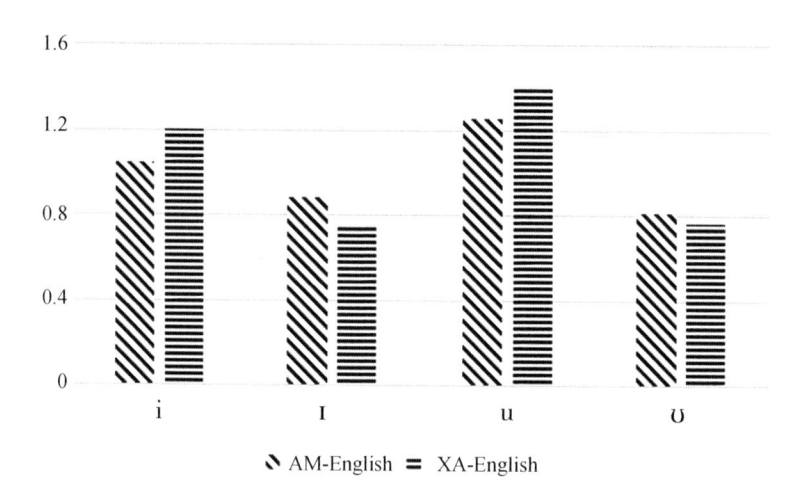

图3—19　西安英语和标准美国英语长短音时长对比

表3—26　　　　西安发音人和标准美国英语长短音时长对比

	i	ɪ	u	ʊ
标准美国英语	1.04660059	0.885727169	1.255259914	0.813568931
西安	1.199820375	0.739450702	1.413576665	0.761942278

（五）小结

本小节研究了西安地区英语学习者对英语单元音的总体习得情况，并分别考察了其对顶点元音/i/、/u/、/ɑ/以及松紧元音/i/、/ɪ/、/u/、/ʊ/的习得情况。研究结果表明，西安英语学习者产出的英语单元音与美语母语者相比在舌位高低、前后方面均存在显著差异，具体表现为，西安学习者产出的前元音、央元音其舌位较母语者而言都呈现靠后的趋势，后元音中除/u/外，其舌位都呈现靠前的趋势。关于顶点元音，西安学习者对/i/习得理想，与母语者的舌位高低、前后相比均没有显著差异；其产出的/ɑ/与母语者相比，舌位更靠前，但在舌位高低上没有显著差异，马氏距离的计算结果也表明其产出的/ɑ/更接近其普通话中的/a/，而非方言中的/a/，因此西安学习者的普通话/a/更为影响其英语/ɑ/的发音；其产出的/u/与母语者相比，舌位更靠后，同样在舌位高低上没有显著差异，马氏距离的结果显示其产出的/u/更接近其普通话中的/u/，而非方言中的/u/。因此，西安发音人的普通话/u/更影响其英语/u/，且其英语/u/更接近美国本族语者所产出的/u/。关于松紧元音，西安学习者对松元音/ɪ/、/ʊ/的习得效果均不理想，与母语者相比在舌位高低、前后方面均存在显著差异。同时，其产出的紧元音/i/、/u/在时长上均长于母语者，而松元音/ɪ/的时长短于母语者，/ʊ/的时长与母语者相差不大。

七 镇江地区英语学习者元音习得研究

(一) 镇江方言背景介绍

1. 镇江地理位置

镇江市是江苏省省辖市，位于江苏省西南部。西邻南京市，东南接常州市，北与扬州市、泰州市隔江相望，是"长三角"城市群的重要城市之一。镇江下辖丹阳市、扬中市、句容市三个市，区设京口区、润州区、丹徒区和镇江新区。2014年年末，全市常住人口317万人。(《镇江年鉴》2010) 镇江话属于北方方言的江淮次方言洪巢片。洪巢片的共同特点是声母［n］、［l］不分、韵母有入声韵、比普通话多一个声调、阴平调调值为低降调。语音系统和南京、扬州等地大致相同。镇江地处北方方言和吴语两大方言的交界地带，学界一般认为以镇江市区为中心，以谏壁乡为东界，以丹徒区上党镇为南界区域的方言即通常所指的镇江话，属于江淮官话（向然 2011）。

2. 镇江方言音系描写

参考《江苏语言资源资料汇编镇江卷》(2016)，镇江方言中，老年组和青年组的声母系统相同，镇江方言有 17 个声母包括零声母在内。镇江方言老年发音人中有 48 个韵母，青年发音人中有 44 个韵母。

表 3—27　　　　　　　　　　镇江方言声母

p	pʰ	m	f	t	tʰ	l	ts	tsʰ
s	tɕ	tɕʰ	ɕ	k	kʰ	x	∅	

注：塞音、塞擦音均较硬。

[n, l] 部分，为自由变体。与 [i] 相拼时成为 [ȵ]，中古日母字有声母为 [l] 的，它们的声母不可能读作 [n] 或 [ȵ]，似可给它们的声母定一个条件变体 [l̺]，这应该是 [ʐ] 的雏形。零声母与 [u] 相拼时读作 [ʋ] 或 [v]。

表 3—28　　　　　　　　　　镇江方言韵母

ɿ	i	u	y	a	ia	ua	ɛ	iɛ	uɛ	ɔ	iɔ	o	ɤ	ɩ
ii	əi	uəi	ɤɯ	ɤyi	ɛ̃	iẽ	uɛ̃	ĩ	yĩ	oõ	ən	nɛ	in	uən
yn	aŋ	iaŋ	uaŋ	oŋ	ioŋ	aʔ	iaʔ	uaʔ	æʔ	iæʔ	uæʔ	ɔʔ	iɔʔ	
əʔ	iiʔ	uəʔ		yɪʔ	oʔ									

注：老男发音人假摄的 [ɩ] 和蟹止摄的 [iɛ] 音异，青男无别，均读作 [iɛ]。

咸山摄舒声字韵分 [ĩ, õ, ɛ̃] 三类。

老年组男发音人有 [aʔ iaʔ uaʔ] 和 [æʔ iæʔ uæʔ] 两类，青年组男发音人无别，均读作 [ɛʔ iɛʔ uɛʔ]。

3. 镇江方言语音演变

许金龙（2014）指出：老派镇江话中有韵母（尾音）带/æ/，如：八 抹 发；镇江方言中原来读韵母/ie/，现年轻人读/i/；相反，夜、野原来读/yi/，现在全读/ye/；老派尾音/ung/，现年轻人读/an/、/uan/；一些韵母（尾音）带有 l 音，如：薄 摸，受普通话影响现为/uo/、/o/、/e/或/a/；（尾音）/iʌ/变为/iao/、/ia/、/ue/；（尾音）/uə/变为/ue/；（尾音）/aɔ/变为/ai/、/u/、/v/、/iu/、/ue/、/uo/。古语发音消失："组、锄、殊"的韵母旧读/o/，今读/u/；"姐、且、谢"声母旧读/ts/、/ts'/、/s/，今读/tɕ/、/tɕ'/、/ɕ/；"占 战 善"声母旧读/tɕ/、/ɕ/，今读/ts/、/s/。

4. 镇江方言、普通话、标准美国英语系对比

《语音学教程》（林焘、王理嘉 1992）中提及汉语普通话中有 9 个单元音：/a/、/i/、/u/、/y/、/ɤ/、/ər/、/ɿ/、/ʅ/、/o/；4 个单字调：阴平 55，阳平 35，上声 214，去声 51。

Wells（1996）提出标准美国英语中的单元音有/ɑ/、/ʌ/、/i/、/ɪ/、/u/、/ʊ/、/ɛ/、/æ/、/ɜ/、/ɔ/ 10 个。镇江方言中的单元音有/a/、/i/、/u/、/y/、/ɛ/、/ɤ/、/ʅ/、/o/、/ɔ/、/ɪ/ 10 个。普通话中的单元音有/a/、/i/、/u/、/y/、/ɤ/、/ər/、/ɿ/、/ʅ/、/o/ 9 个。如表 3—29 所示镇江方言、普通话和标准美国英语中共有的 3 个相似音：/ɑ/（/a/）、/i/、/u/；比标准美国英语相比，镇江方言特有 5 个单元音/y/、/ɤ/、/ʅ/、/o/、/ɪ/；相反，标准美国英语特有 5 个单元音/ʌ/、/ɪ/、/ʊ/、/æ/、/ɜ/。

表 3—29　　　　　　　　音系对比

镇江方言	a	i	u	y	ɤ	ʅ	ɪ	ɔ	o	ɛ
标准美国英语	ɑ	i	u	ʌ	ɪ	ʊ	ɜ	ɔ	æ	ɛ
普通话	a	i	u	y	ɤ	ɿ	ʅ	ər	o	

(二) 镇江地区英语学习者元音总体习得情况

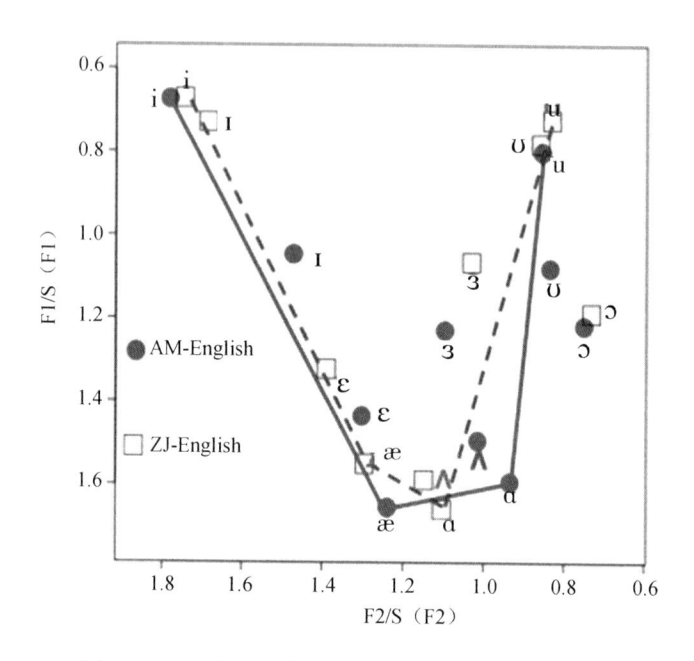

图 3—20　镇江英语学习者与母语者单元音声学元音

根据 Watt and Fabricius Method 对 F1、F2 的值进行归一化处理后，通过 NORM 得到图 3—20，其表示镇江英语学习者与母语者声学元音图。其中 x 轴为第二共振峰（F2），代表元音发音的舌位前后，y 轴为第一共振峰（F1），代表元音发音的舌位高低。

从图 3—20 可以看出，镇江英语学习者产出的单元音在整体元音格局图中与美国本族语者呈现显著差异，前元音舌位呈现靠后的趋势；央元音舌位则呈现靠前靠下的趋势；后元音舌位基本呈现靠后的趋势。

(三) 镇江地区英语学习者顶点元音习得

与标准美国英语相比，镇江英语/i/习得最理想（F1 $p>0.05$，F2 $p>0.05$），元音图上和标准美国英语/i/靠近。与标准美国英语相比，镇江英语/ɑ/舌位高低习得理想（F1 $p>0.05$，F2 $p<$

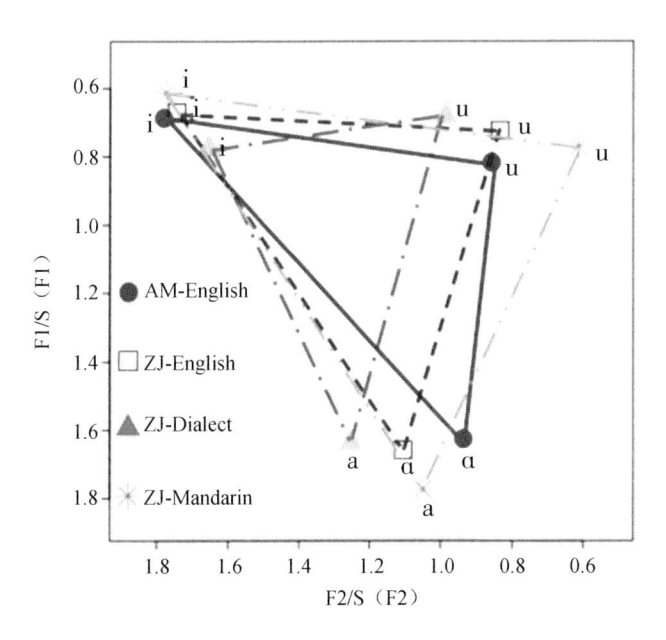

图 3—21　镇江英语学习者与母语者顶点元音声学元音

0.05），舌位前后习得不理想且靠前，镇江英语/ɑ/到标准美国英语/ɑ/的距离（mahal = 5.247）大于镇江英语/ɑ/到方言/a/的距离（mahal = 1.9218），与方言/a/相似度高，受方言/a/影响。与标准美国英语相比，镇江英语/u/舌位前后习得理想（F1 $p < 0.05$、F2 $p > 0.05$），舌位高低习得不理想且靠上，镇江英语/u/到标准美国英语/u/的距离（mahal = 2.1755）小于镇江英语/u/到方言/u/的距离（mahal = 4.3325），与标准美国英语相似度高（见表 3—30）。

表 3—30　镇江发音人英语—标准美国英语、英语—方言、英语—普通话的马氏距离值

元音	比较对象	马氏距离	单因素方差分析	T 检验
ɑ	ZJE-AME	5.247	0.395, 0	F1 $p > 0.05$, F2 $p < 0.05$
	ZJE-ZJD	1.9218	0.603, 0	F1 $p > 0.05$, F2 $p < 0.05$
	ZJE-ZJM	2.5668	0.010, 0.025	F1 $p < 0.05$, F2 $p < 0.05$

续表

元音	比较对象	马氏距离	单因素方差分析	T检验
i	ZJE-AME	2.8917	0.381，0.243	F1 p>0.05，F2 p>0.05
	ZJE-ZJD	8.6492	0.002	F1 p<0.05，F2 p<0.05
	ZJE-ZJM	2.4472	0.015，0.378	F1 p<0.05，F2 p>0.05
u	ZJE-AME	2.1755	0.337	F1 p<0.05，F2 p>0.05
	ZJE-ZJD	4.3325	0.035，0	F1 p<0.05，F2 p<0.05
	ZJE-ZJM	10.3956	0.033，0	F1 p<0.05，F2 p<0.05

（四）镇江地区英语学习者松紧元音习得

与母语者相比，镇江学习者对于松元音/ɪ/的习得情况不理想，在舌位高低和前后上均与标准美国英语存在显著差异（F1 p<0.05、F2 p<0.05）。结合图3—22可知，镇江学习者所产出的/ɪ/在舌位上偏前、偏上。镇江英语短音/ʊ/舌位前后上习得理想（F1 p<0.05、F2 p>0.05），舌位高低受方言影响整体偏上。松紧元音的对立不仅有音质的对立，时长也是很重要的一个特征。从音质上

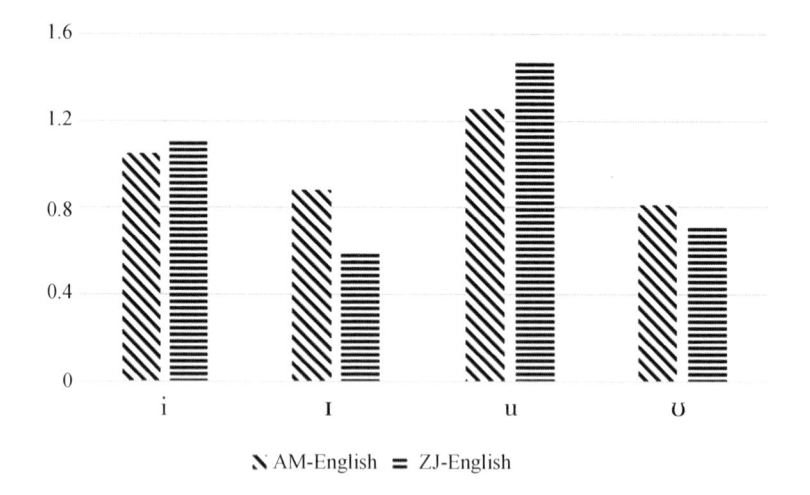

图3—22 镇江英语和标准美国英语长短音时长对比

看，镇江发音人主要通过舌位高低来对/ɪ/与/i/，/ʊ/与/u/进行区分（F1 p<0.05、F2 p>0.05）。在时长上，我们通过对时长进行归一处理后得到图3—22和表3—31。结合图表数据可知，镇江英语/ɪ/，/ʊ/均比标准美音时长短，镇江英语/i/，/u/比标准美国英语时长长。

表3—31　　　　镇江发音人英语和标准美国英语长短音时长

	i	ɪ	u	ʊ
镇江	1.04660059	0.885727169	1.255259914	0.813568931
标美	1.117172303	0.602747067	1.479089692	0.713282276

（五）小结

本小节研究了镇江地区英语学习者对英语单元音的总体习得情况，并分别考察了其对顶点元音/i/，/u/，/ɑ/以及松紧元音/i/，/ɪ/，/u/，/ʊ/的习得情况。研究结果表明，在元音图中，镇江英语学习者产出的单元音，其与美国母语者具有显著的差异，具体表现为，前元音中除/i/外，其余单元音的舌位都呈靠后的趋势；后元音舌位也基本呈现靠后的趋势；而央元音舌位则呈现靠前靠下的趋势。关于顶点元音，镇江学习者对/i/的习得效果最理想，产出的/i/与母语者相比，在舌位的高低、前后上均无显著差异；其产出的/ɑ/与母语者相比舌位更靠前。马氏距离的计算结果表明，镇江英语学习者产出的英语/ɑ/更接近其方言中的/a/，而非方言普通话中的/a/，因此镇江方言/a/更影响其英语/ɑ/的产出；其产出的/u/与母语者相比舌位更靠上且靠后。马氏距离的计算结果表明，镇江英语学习者产出的英语/u/更接近其方言/u/，而非方言普通话中的/u/，且其产出的英语/u/更接近母语者，并未受到其方言和普通话的影响。关于松紧元音，镇江英语学习者产出的松元音/ʊ/在舌位前后上与母语者无显著差异，但在舌位高低上存在显著差异，其产出的松元音/ɪ/在舌位高低、前后上均与母语者有显著差异，习得不理想。此外，在时长方面，镇江英语学习者产出的/i/、/ɪ/、/ʊ/的时长均比母语者短，而/u/的时长比母语者长。

第二节　吴语区英语学习者元音习得研究

一　宁波方言背景介绍

（一）宁波地理位置

宁波，简称甬，地处东南沿海，位于中国大陆海岸线中段，长江三角洲南翼，东有舟山群岛为天然屏障，北濒杭州湾，西接绍兴市的嵊州、新昌、上虞，南临三门湾，并与台州的三门、天台相连。宁波市陆域总面积9816平方千米，其中市区面积为3730平方千米。全市海域总面积为8355.8平方千米，海岸线总长为1594.4千米，约占全省海岸线的24%。全市共有大小岛屿614个，面积255.9平方千米。下辖6个区，2个县，2个县级市。

（二）宁波话的起源与发展

宁波话属于吴语太湖片（北吴）甬江小片，分布在宁波市六区（海曙区，江北区，北仑区，镇海区，鄞州区，奉化区）、象山县、宁海县（岔路及其以南除外）、余姚东南部、慈溪东部、舟山大部分地区等，使用人口约500万人。各土语十分接近，内部一致性也很高。余姚大部和慈溪西部被划分为属于吴语太湖片（北吴）临绍小片。

吴语形成的历史可追溯至先秦时代，吴越两国自古同音同俗，两国语言文化不断交流融合，古吴越语还受到古楚语的较大影响，一方面，吴越长期是楚国的属国，长期接受楚国语言和文化的影响，另一方面，楚国接受华夏文化最早最全面，吴越也通过楚国进一步接触到华夏语言和文化。总之，古吴越语是先秦华夏汉语与当地土著语言融合，同时又受到古楚语影响的一种汉语方言，是今天吴语的前身和源头。

到了汉代，吴语已经演化成与当时中原汉语和其他方言很不相同的一种语言。东晋南朝是吴语受到中原汉语影响最大的一个时期，洛阳陷落，北人南下，是吴语本身变化最大的一个时期，语言结构和发布范围都发生重大变化。

唐宋时期，吴语进一步发展，语言结构和特点渐趋稳定。其间宋室南迁使吴语再次受到汉语冲击。现代吴语语音系统的基本面貌最迟在元代已经形成，明清时代的吴语已经与现代吴语没有显著差别。

总之，吴语萌芽于先秦，发展于六朝，定型于唐宋，成熟于明清。这个过程也就是宁波方言形成与发展的大致过程（宁波市社会科学界联合会 2010）。

（三）宁波话音系统

如表3—22所示，宁波方言中有声母29个，韵母50个，其中单韵母13个，分别为/a/、/i/、/u/、/y/、/ʏ/、/e/、/ø/、/œy/、/o/、/ɤ/、/ɯ/、/ɛ/、/ɔ/（朱彰年1996）。

表3—32　　　　　　　　宁波方言声母

p	p'	b	m	f	v	t	t'	d	n	l	k	k'	g	ŋ
tɕ	tɕ'	dʑ	ȵ	ɕ	ts	ts'	dz	s	ṇ	z̩	ø	h	ɦ	

表3—33　　　　　　　　宁波方言韵母

ɿ	i	u	y	a	ɔ	o	e	ɛ	ʏ	
ø	œy	ɯ	ia	ua	ɪa	ɪəŋ	io	uo	yo	
ie	uɜ	yɪ	əu	əl	iŋ	ɜŋ	uɜn	yɜŋ	oŋ	
yoŋ	ɥøŋ	ã	iã	uã	ũ	ɔ̃	uɔ̃	yɔ̃	au	iĩ
iaʔ	uʔ	yoʔ	ɐʔ	oʔ	yəʔ	ɥœʔ	m̩	n̩	ŋ̍	

（四）宁波方言、美语、普通话音系对比

从表3—34可知，宁波方言、普通话与标准美国英语中存在/ɑ/、/i/、/u/三个相似元音。与标准美国英语相比，宁波方言中特有的单元音有/y/、/ʏ/、/e/、/ø/、/œy/、/o/、/ɤ/、/ɥ/ 8个，标准美国英语中特有的单元音有/ʌ/、/ɪ/、/ʊ/、/æ/、/ɜ/ 5个。宁波方言和普通话相比，宁波方言中特有的单元音有/ʏ/、/e/、/ø/、/œy/、/ɔ/、/ɛ/、/ɥ/，普通话特有的单元音有/ɤ/、/ər/、/ʅ/ 3个。

表3—34　　　　　　　　　音系对照

宁波方言	a	i	y	ʏ	ø	ɛ	e	œy	u		ɔ	o	ɤ	ɥ
标准美国英语	ɑ	i		ɪ		ɛ	æ	ɜ	u	ʊ		ʌ	ɔ	
普通话	a	i	y					ər	u			o	ɤ	ʅ

二　宁波地区英语学习者元音总体习得

图3—23为宁波英语学习者的整体发音情况。其中x轴为第二

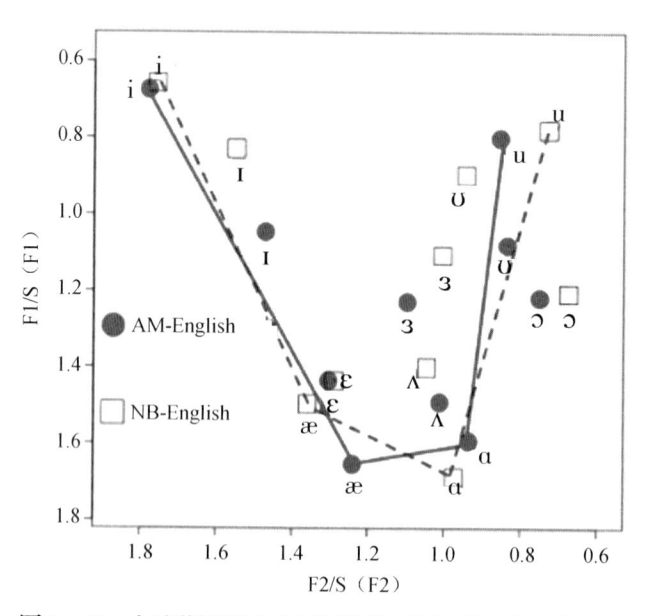

图3—23　宁波英语学习者与标准美国英语单元音声学元音

共振峰（F2），代表元音发音的舌位前后，y 轴为第一共振峰（F1），代表元音发音的舌位高低。通过独立样本 T 检验来计算宁波英语学习者产出英语元音与标准美国英语者的差异，再计算宁波英语与标准美国英语、宁波方言以及宁波普通话间的距离来考察长沙英语学习者在学习英语元音时受哪种语言的影响更大。表 3—35 为计算结果。

表 3—35　　　　　　独立样本 T 检验以及马氏距离

元音	比较对象	F1	F2	MD
ɑ	NBE-AME	0.131	0.399	1.6932
	NBE-NBD	0.268	0.000	5.1850
	NBE-NBM	0.080	0.196	1.9385
i	NBE-AME	0.869	0.403	2.6765
	NBE-NBD	0.089	0.584	2.6706
	NBE-NBM	0.105	0.707	2.5634
u	NBE-AME	0.839	0.000	3.5540
	NBE-NBD	0.192	0.001	15.4433
	NBE-NBM	0.388	0.000	9.7838
ʌ	NBE-AME	0.039	0.054	2.8037
	NBE-NBD（a）	0.000	0.098	3.5637
	NBE-NBM（a）	0.000	0.001	5.3010
ɪ	NBE-AME	0.000	0.001	3.9724
	NBE-NBD（i）	0.000	0.000	11.9047
	NBE-NBM（i）	0.000	0.000	12.4821
ʊ	NBE-AME	0.001	0.004	3.5885
	NBE-NBD（u）	0.011	0.000	41.8564
	NBE-NBM（u）	0.000	0.000	22.7145
ɔ	NBE-AME	0.626	0.000	3.7687
	NBE-NBD	0.000	0.032	4.4001
	NBE-NBM（o）	0.000	0.000	8.8844
ɜ	NBE-AME	0.001	0.004	3.5885
	NBE-NBD	/	/	/
	NBE-NBM（ər）	0.001	0.977	6.0676

续表

元音	比较对象	F1	F2	MD
æ	NBE-NBE	0.000	0.000	4.0278
	NBE-NBD	/	/	/
	NBE-NBM	/	/	/
ɛ	NBE-NBE	0.343	0.437	2.1154
	NBE-NBD	0.000	0.000	13.7678
	NBE-NBM	/	/	/

由图3—23和表3—35可看出，较之标准美国英语本族语者，宁波人所发的前元音/i/、/ɛ/舌位都稍靠后，但独立样本T检验显示与本族语者无显著差异——/i/：（F1 p=0.869、F2 p=0.403），/ɛ/（F1 p=0.343 F2=0.437）。/ɪ/与标准美国英语相比在F1（p=0.000），F2（p=0.001）上均有显著差异，舌位更高更前。与宁波方言里的相似语音/i/相比，在F1（p=0.000），F2（p=0.000）上均有差异，与宁波普通话里的相似语音/i/相比，在F1（p=0.000），F2（p=0.000）上均有差异。/æ/与标准美国英语相比在F1（p=0.000），F2（p=0.000）上均有显著差异，舌位更高更前。但宁波方言或普通话里没有相似语音，因此未受到一语或二语的影响。

央元音/ɜ/、/ʌ/舌位较高较后，独立样本T检验显示/ɜ/与本族语者在舌位高低前后上均有显著差异（F1 p=0.001、F2 p=0.004），与宁波普通话里最为接近的语音/ər/相比，在F1（p=0.001）上有显著差异，F2（p=0.977）上无显著差异。马氏距离显示宁波人发的/ə/与标准美国英语更接近，受方言和普通话影响较小。/ʌ/与本族语者仅在舌位高低上有显著差异（F1 p=0.039，F2 p=0.054）。与宁波方言里的/a/相比，在F1（p=0.000）上有显著差异，F2（p=0.098）上无显著差异。与宁波普通话的/a/相比，在F1（p=0.000），F2（p=0.001）上均有显著差异。马氏距离显示宁波学习者的/ʌ/尽管在舌位上偏高，但仍离标准美国英语最近，受方言和普通话影响小。

后元音/u/与标准美国英语相比在 F1（p = 0.839）无显著差异，F2（p = 0.000）上有显著差异。舌位更后。与宁波方言相比，在 F1（p = 0.192）无显著差异，F2（p = 0.001）上有显著差异。与宁波普通话相比，在 F1（p = 0.388）上无显著差异，F2（p = 0.000）上有显著差异。马氏距离显示宁波人发的/u/与标准美国英语最为接近，尽管在舌位前后上有一定的偏误。/ʊ/与标准美国英语相比在 F1（p = 0.001），F2（p = 0.004）上均有显著差异，舌位更高更前。与宁波方言里的/u/相比，二者在 F1（p = 0.011），F2（p = 0.000）上均有显著差异。与宁波普通话里的/u/相比，二者在 F1（p = 0.000），F2（p = 0.000）上均有显著差异。独立样本 T 检验显示后元音/ɔ/与标准美国英语相比在 F1（p = 0.626）上无显著差异，在 F2（p = 0.000）上有显著差异，舌位更靠后。与宁波方言相比，在 F1（p = 0.000），F2（p = 0.032）上均有显著差异。与宁波普通话里最为接近的语音/o/相比，在 F1（p = 0.000），F2（p = 0.000）上均有显著差异。马氏距离显示与标准美国英语/ɔ/更接近。因此尽管宁波人/ɔ/发不标准，但受方言与普通话影响小，与标准美国英语距离较近。

总体而言，宁波方言英语学习者所发英语元音较之标准美国英语舌位都稍靠后，/ɑ/、/i/、/ɛ/3 个单元音习得良好，其余 7 个单元音习得不理想。其中，/ɪ/、/æ/舌位更高更前，/ɜ/、/ʌ/舌位较高较后，/u/、/ʊ/、/ɔ/舌位更靠后。即宁波人的前元音更高更前，央元音及后元音更靠后。

三 宁波地区英语学习者顶点元音习得

通过独立样本 T 检验，来检测宁波英语学习者所发英语元音

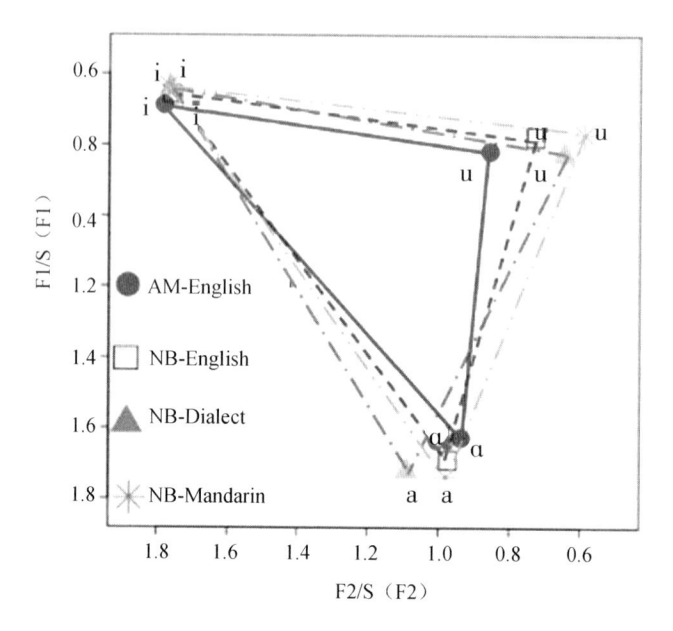

图3—24　宁波英语学习者与母语者顶点元音声学元音图

/i/、/u/、/ɑ/与标准美国英语者以及宁波方言、宁波普通话中的对应元音是否存在显著差异，马氏距离显示方言和普通话对宁波英语语音习得的影响。下表为配对样本T检验和马氏距离结果。

表3—36　　　　　　　独立样本T检验以及马氏距离

元音	比较对象	F1	F2	MD
ɑ	NBE-AME	0.131	0.399	1.6932
	NBE-NBD	0.268	0.000	5.1850
	NBE-NBM	0.080	0.196	1.9385
i	NBE-AME	0.869	0.403	2.6765
	NBE-NBD	0.089	0.584	2.6706
	NBE-NBM	0.105	0.707	2.5634
u	NBE-AME	0.839	0.000	3.5540
	NBE-NBD	0.192	0.001	15.4433
	NBE-NBM	0.388	0.000	9.7838

由图3—24和表3—36可以看出，相比标准美国英语，宁波方言和普通话的/a/舌位都更偏前靠后，/i/舌位稍高，/u/的舌位更靠后。

宁波人发的英语/ɑ/较之美语本族语者舌位稍稍靠下。但统计结果显示在舌位高低前后上均无显著差异：F1（p = 0.131），F2（p = 0.399），习得较好。

/i/与标准美国英语相比在 F1（p = 0.869），F2（p = 0.403）上均无显著差异，习得良好。/u/与标准美国英语相比在 F1（p = 0.839）无显著差异，F2（p = 0.000）上有显著差异。舌位更后。与宁波方言相比，在 F1（p = 0.192）无显著差异，F2（p = 0.001）上有显著差异。与宁波普通话相比，在 F1（p = 0.388）上无显著差异，F2（p = 0.000）上有显著差异。马氏距离显示宁波人发的/u/与标准美国英语最为接近，尽管在舌位前后上有一定的偏误。

四 宁波地区英语学习者松紧元音习得

从音质上，宁波人能很好地区别长短音/i/—/ɪ/、/u/—/ʊ/。宁波人所发元音/i/—/ɪ/在 F1、F2 上均有显著差异：F1（p =

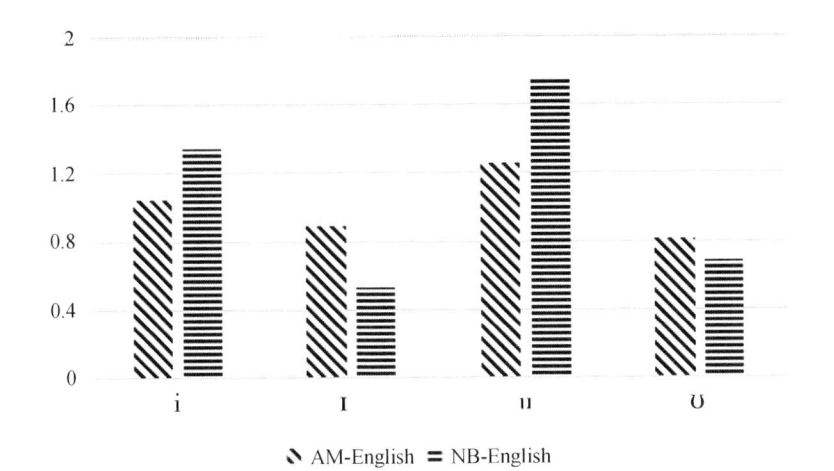

图3—25　AME-NBE 松紧元音时长对比

0.000），F2（p=0.000），/u/—/ʊ/在舌位高低前后上也均有显著差异：F1（p=0.002），F2（p=0.000）。这两对松紧元音对均区分良好。

在时长上，宁波英语的长元音要比标准美国英语的长元音时长更长，独立样本T检验发现两组发/i//u/音有显著差异（p=0.000），短元音比标准美国英语的长短元音时长更长，统计结果显示两组发/ɪ/音时有显著差异（p=0.000）。即宁波英语学习者通过拉长紧元音时长，缩短松元音时长，增大时长差异来区分松紧元音。

为探究宁波方言在音长上对英语习得的迁移作用，我们对松紧元音中相似元音/i/、/u/在各语言中的时长进行了对比，结果如图3—26所示。数据分析表明，宁波英语学习者所发英语元音/i/、/u/比其他三种语言中的时长都长得多（p=0.000），即宁波英语学习者在时长方面并未受到母语方言及二语普通话的影响。所以综上，宁波学习者在区别松紧元音时，长元音在时长方面并未受到母语方言及二语普通话的影响，而是通过自主拉大松紧元音时长差异来区别松紧元音。

五 小结

本小节研究了宁波地区英语学习者对英语单元音的总体习得情况，并分别考察了其对顶点元音/i/、/u/、/ɑ/以及松紧元音/i/、/ɪ/、/u/、/ʊ/的习得情况。研究结果表明，宁波方言英语学习者所发英语元音较之标准美语舌位都偏高靠前，/ɑ/、/i/、/ɛ/三个单元音习得良好，其余7个单元音习得不理想。其中，/ɪ/、/æ/舌位更高更前，/ɜ/、/ʌ/舌位较高较后，/u/、/ʊ/、/ɔ/舌位更靠后。即宁波人的前元音更高更前，央元音及后元音更靠后。宁波方言英语学习者顶点元音习得结果显示，相比标准美国英语，宁波方言和

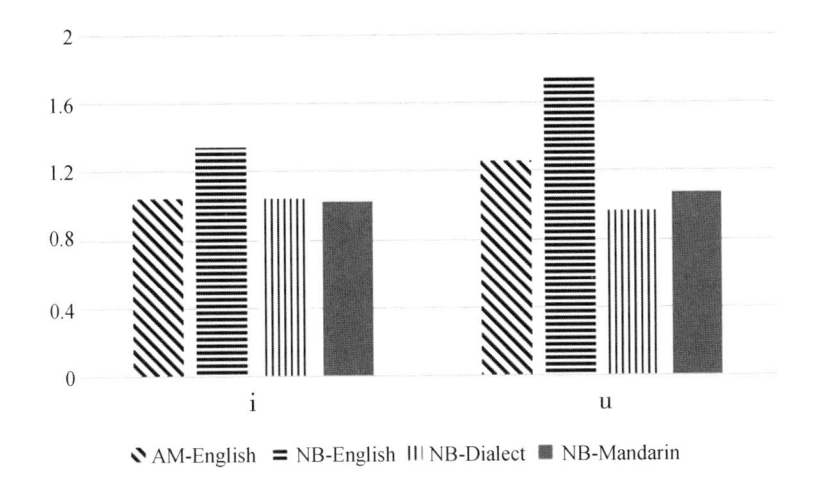

图 3—26 /i/，/u/在各语言中的时长对比

普通话的/a/舌位都更偏前靠后，/i/舌位稍高，/u/的舌位更靠后。宁波人产出的英语元音/ɑ/较之标准美国英语本族语者舌位稍稍靠下。但统计结果无显著差异，故习得较好；/i/与标准美国英语相比在 F1、F2 上均无显著差异，习得良好；/u/与标准美国英语相比 F2 上有显著差异，舌位更靠后。马氏距离显示宁波人发的/u/与标准美语最为接近。宁波方言英语学习者松紧元音习得结果显示，学习者产出的英语元音/i/-/ɪ/在 F1、F2 上均有显著差异，产出的/u/-/ʊ/在 F1、F2 也均有显著差异。宁波英语学习者能很好地区别/i/-/ɪ/、/u/-/ʊ/这两对松紧元音。宁波英语学习者是通过自主拉大松紧元音时长差异来区别松紧元音，在时长方面并未受到母语方言及二语普通话的影响。

第三节 晋语区英语学习者元音习得研究

一 太原方言背景介绍

（一）太原地理位置

太原地处山西高原中部、太原盆地北端，是山西省省会，简称为"并",又称"晋阳""龙城",是全省政治、经济、科技、文化、信息的中心和交通枢纽。太原方言属并州片晋语,东与寿阳县(并州片)、盂县(并州片)为邻,以东山为界;北与忻州市(五台片)、定襄县(五台片)、静乐县(吕梁片)接壤,以棋子山和石岭山为界;西与岚县(吕梁片)、方山县(吕梁片)、交城县(并州片)毗连,以西山为界;南与榆次区(并州片)、太谷县(并州片)、祁县(并州片)和文水县(并州片)相望。简言之,太原方言以北为五台片晋语,以西为吕梁片晋语,以南、以东则同为并州片晋语。

按 1998 年以来的行政区划,太原市辖 6 个市辖区、4 个县,代管 1 个县级市:迎泽区、杏花岭区、万柏林区、尖草坪区、晋源区、小店区,古交市,清徐县、阳曲县、娄烦县。除阳曲县属于五台片晋语,其余县市区方言都属于并州片晋语。

太原方言内部有地理和年龄的差异。太原方言大体分为三种口音:城区方言、北郊方言和南郊方言,其中北郊方言与城区方言比较接近,南郊方言与城区方言存在文白读方面的差别。同时受到年龄的影响,太原方言分为新派和老派。老派入声分阴阳,新派入声不分阴阳,阳入正归入阴入,处于合流状态;入声韵老派读 aʔ、uaʔ 的字,新派多读 əʔ、uəʔ。以下太原音系描写以太原城区老派为标准。

张洁(2005)对太原方言百年来的演变进行了研究,说明了太原方言的演变符合汉语自身演变规律,具体表现为起首辅音的失落、鼻音声母的简化、鼻音韵尾的简化、入声韵的简化、调类趋于减少等。并指出,从整体看,太原方言呈现出向普通话语音靠拢的趋势。

(二)晋语概况

山西地处黄土高原东部,黄河是山西西部及南部与邻省的天然界限。黄河流域被誉为"中华文明的摇篮"。随着考古发掘及研究的深入，人们认识到古代黄河流域（主要指中游地区）是远古华夏族最重要的、最集中的聚居区之一。晋国之前，活动于这一区域的是古唐国。古唐国最早是帝尧所居之地。周成王灭唐后，将该地封给了其弟叔虞。唐叔虞封国，其臣民由周朝迁来，随之而来的还有周朝王畿一带的关中方言。后叔虞之子燮将国号改为晋，"晋国"之名由此而来。晋国初立，面积很小，即《史记·晋世家》所载"方百里"。关中方言与当地土著方言发生交流、相互影响，与周朝王畿一带的语言差异逐渐增大，而自身的方言特征逐步加强，成为一种独立的方言。

晋献公时期，晋国不仅基本占据了今天的临汾、运城两地区的大部分，而且拥有一部分河南、陕西靠近运城地区的区域。公元前636年，晋文公重耳即位，他以晋南为基地向北拓展，在消灭了诸多戎狄后把晋中、晋北大部分地区划入了版图。公元前598年，晋国军队向居于晋东南地区的赤狄发起进攻，赤狄败北，面积广大的晋东南地区成为晋国领土的一部分。随着其领土的扩张，古晋语也相应由晋南带到晋东南、晋中、晋北。此时的晋语由南向北传播扩张，虽然也在同戎狄语言的接触中悄悄发生着变化，但总体说来内部差异并不明显，我们称这一时期的晋语为古晋语。

战国时期，韩赵魏三国疆土的进一步扩张，拉开了古晋语内部分化的序幕。韩在领土扩张的过程中不断向周洛地区靠拢，与周洛一带工商往来密切，其语言也受周洛方言的影响，离古晋语越来越远，古晋语的特征逐渐磨灭，与周洛方言越来越接近。到秦汉时期已经基本脱离了古晋语，而与周郑方言共同发展。赵魏两国则由于地界相邻，交通便利，来往密切，所以语言上保持了较多的一致性。赵魏两国在山西境内主要据有北部、中部、东南部。

秦统一六国后，山西设六郡：河东、太原、上党、云中、雁门、代郡，这六郡大致与现今山西境内方言片相合。到西汉时，河东与京师等地共隶属于司隶校尉部，太原、上党、云中、定襄、雁门、代郡隶属于并州刺史部。这种行政区划进一步加深了河东方言和山西其他方言的差异。曹魏郡国建制与汉略同。河东与平阳、河内、河南、原武、弘农、野王属司隶州，太原、上党、乐平、西河、雁门、新兴属并州。西晋统一后其建制为河东、平阳等12郡属司州，太原、上党、雁门等四郡二国属并州。可以看出，近五百年内河东郡与京师、河南等地同属一个管辖范围，其他六片始终为一个管辖范围。自此可知，河东片方言当与长安、洛阳地区方言接近；并州等其他几个方言片关系紧密；河东、平阳与晋方言的其他片差异拉大。而这种格局正是今天山西境内方言的基本格局：晋语区与中原官话区并存。

真正将"晋语"作为方言分区术语讲的是李荣。《官话方言的分区》（李荣1985）一文中把"晋语"从"北方官话"中分出来，指出"晋语"是指"山西省及其毗连地区有入声的方言"，主张晋语成为与官话、吴语、徽语、湘语、赣语、客家话、粤语、闽语等并列的一大方言。《中国语言地图集》（商务印书馆2012）进一步体现了这个主张。晋语是中国北方唯一一个非官话方言。晋语的主要使用地区有山西省、内蒙古自治区中西部、陕西省北部、河南省黄河以北大部、河北省西部，地跨175个市县（沈明2006）。《中国语言地图集》（商务印书馆2012）将晋语分为八个片：并州片、吕梁片、上党片、五台片、大包片、张呼片、邯新片、志延片。通常认为晋语有三个核心区域，一是位于太原盆地的并州片晋语，二是位于吕梁山区的吕梁片晋语，三是位于上党盆地的上党片晋语。以上三个核心区域中，并州片在地域上位于山西省中部，保留了较为典型的晋语特征，因此并州片晋语的研究对山西方言和晋语的研究具有重要意义。并州片包括山西省中部的15个市县：太原、清徐、榆次、太谷、文水、交城、祁县、平遥、孝义、介休、寿阳、榆社、娄烦、灵石、盂县。太原方言属并州片晋语。

（三）音系描写

并州片是晋方言的核心地区，而太原方言是并州片的代表点。根据《太原方言词典》（沈明1994）（以太原城区老派为标准），太原方言共有21个声母（包括零声母在内）、36个韵母。

表3—37　　　　　　　　　　太原方言声母

p	pʻ	m	f	v	t	tʻ	n	l	ts	tsʻ
s	z	tɕ	tɕʻ	ɕ	k	kʻ	x	ɣ	ø	

注：

（1）v声母摩擦性不强。

（2）ts，tsʻ，s，z发音部位偏后，其中z摩擦性不强，带有卷舌色彩。

（3）m，n带有明显的同部位塞音成分。

（4）pʻ，tʻ，kʻ与开口呼韵母相拼时送气强烈，发音时带有舌根清擦音x，实际音值是pʻx，tʻx，kʻx。

表3—38　　　　　　　　　　太原方言韵母

a	ie	ɣ	ɿ	ər	ai	ei	au	əu	æ̃	ɒ̃	əŋ	aʔ	əʔ
ia	ye	uɣ	i		uai	uei	iau	iəu	uæ̃	iɒ̃	iŋ	iaʔ	iəʔ
ua			u							uɒ̃	uŋ	uaʔ	uəʔ
			y								yŋ		yəʔ

注：

（1）复元音ai，uai，au，iau四个韵母动程较短，主要元音偏高，音值接近元音æ，ɔ。

（2）əŋ，iŋ，uŋ，yŋ四个韵母鼻韵尾弱化，元音带有鼻化色彩。

（3）入声韵喉塞音ʔ明显。

（四）太原方言、普通话、美音音系对比

Wells（1996）提出标准美国英语中的单元音有/ɑ/、/ʌ/、

/i/、/ɪ/、/u/、/ʊ/、/ɛ/、/æ/、/ɝ/、/ɔ/ 10 个。太原方言中的单元音有/a/、/i/、/u/、/y/、/ər/、/ɤ/、/ʅ/ 7 个。普通话中的单元音有/a/、/i/、/u/、/y/、/ər/、/ɤ/、/o/、/ʅ/、/ɿ/ 9 个。Flege 提出，若母语与目标语中的某个语音由同一个国际音标表示，则这两个音可被视为相似语音。就单元音而言，太原方言、普通话与标准美国英语音标中存在/a/（/ɑ/）、/i/、/u/ 3 个相似元音。与标准美国英语音标相比，太原方言中特有的单元音有/y/、/ər/、/ɤ/、/ʅ/ 4 个；而相对于太原方言来说，标准美国英语音标中特有的单元音有/ʌ/、/ɪ/、/ʊ/、/ɛ/、/æ/、/ɔ/、/ɝ/ 7 个。

表 3—39　　　　　　　　　音系对比

太原方言	a	i	y		ər	u		ɤ		ʅ	
标准美国英语	æ	i	ɪ	ɛ	ɜ	u	ʊ	ʌ	ɔ	ɑ	
普通话	a	i	y		ər	u		ɤ	o	ʅ	ɿ

二　太原地区英语学习者元音总体习得

图 3—27 呈现了太原方言、太原普通话、太原英语以及标准美国英语四个音系系统中单元音的共振峰值。其中 x 轴为第二共振峰（F2），代表元音发音的舌位前后，y 轴为第一共振峰（F1），代表元音发音的舌位高低。

由图 3—27 可知，太原方言英语学习者产出的/ɑ/、/i/、/ɔ/、/ɛ/ 四个单元音与英语本族语者的发音舌位相近，且太原方言英语学习者产出的/ɑ/、/i/、/ɔ/、/ɛ/ 四个单元音与英语本族语者产出的标准/ɑ/、/i/、/ɔ/、/ɛ/ 独立样本 t 检验结果均为 pF1 > 0.05，pF2 > 0.05，说明太原方言英语学习者/ɑ/、/i/、/ɔ/、/ɛ/ 的发音与英语本族语者无明显差异，习得良好。

经独立样本 t 检验，太原方言英语学习者与英语本族语者在其

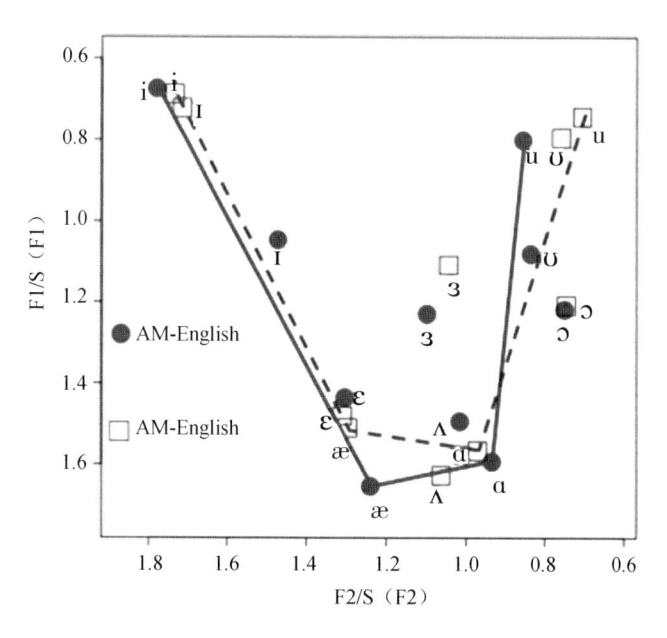

图 3—27 太原英语学习者与母语者单元音声学元音

余六个单元音/ɜ/、/u/、/ʊ/、/æ/、/ʌ/、/ɪ/的发音舌位上均差异显著（pF1＜0.05、pF2＜0.05），说明太原方言英语学习者/ɜ/、/u/、/ʊ/、/æ/、/ʌ/、/ɪ/的发音与英语本族语者的发音有明显的差别，习得不理想。此外，太原方言英语学习者/ɜ/的第一共振峰 F1 频率值低于本族语者，第二共振峰 F2 频率值低于本族语者，因此可知太原方言英语学习者/ɜ/的发音舌位比英语本族语者/ɜ/的发音舌位偏高靠后。太原方言英语学习者/u/的第一共振峰 F1 频率值低于本族语者，第二共振峰 F2 频率值低于本族语者，因此可知太原方言英语学习者/u/发音比英语本族语者/u/发音舌位偏高靠后。太原方言英语学习者/ʊ/的第一共振峰 F1 频率值低于本族语者，第二共振峰 F2 频率值低于本族语者，因此可知太原方言英语学习者/ʊ/发音比英语本族语者/ʊ/发音舌位偏高靠后。太原方言英语学习者/æ/的第一共振峰 F1 频率值低于本族语者，第二共振峰 F2 频率值高于本族语者，因此可知太原方言英语学习者/æ/发音比英语本族语者/æ/发音舌位偏高靠前。通过对太原方言英语学习者发的/æ/和/ɛ/进行独立样本 t 检验,得出二者的发音舌位相似（pF1 > 0.05,pF2 > 0.05）,说明太原方言英语学习者不区分/æ/、/ɛ/,且由于/ɛ/发音较好,而/æ/发音较差,因而可推断/æ/的发音受到了/ɛ/的影响。太原方言英语学习者/ʌ/的第一共振峰 F1 频率值高于本族语者,第二共振峰 F2 频率值高于本族语者,因此可知太原方言英语学习者/ʌ/发音比英语本族语者/ʌ/发音舌位偏低靠前。太原方言英语学习者/ɪ/的第一共振峰 F1 频率值低于本族语者,第二共振峰 F2 频率值高于本族语者,因此可知太原方言英语学习者/ɪ/发音比英语本族语者/ɪ/发音舌位偏高靠前。通过对太原方言英语学习者发的长音/i/和短音/ɪ/进行独立样本 t 检验,得出二者的发音舌位相似（pF1 > 0.05、pF2 > 0.05）,说明太原方言英语学习者不区分长短音/i/、/ɪ/,且由于/i/发音较好,而/ɪ/发音较差,因而可推断短音/ɪ/的发音受长音/i/的影响。

总体来说,太原方言英语学习者/ɑ/、/i/、/ɔ/、/ɛ/四个单元音习得良好,其余六个单元音习得不理想。其中,/ɪ/、/æ/的发音舌位偏高靠前,/ʌ/的发音舌位偏低靠前,/ɜ/、/u/、/ʊ/的发音舌位偏高靠后。从中可以发现,太原方言英语学习者在习得英语单元音时,前元音的发音会更靠前,低元音的发音会更偏低,后元音的发音则会更靠后。此外,太原方言英语学习者不区分长短音/i/和/ɪ/且不区分/æ/和/ɛ/。

三 太原地区英语学习者顶点元音习得

图 3—28 呈现了太原方言、太原普通话、太原英语以及标准美国英语四个音系统中三个顶点元音的共振峰值。其中 x 轴为第二共振峰,代表元音发音的舌位前后,y 轴为第一共振峰,代表元音发音的舌位高低。

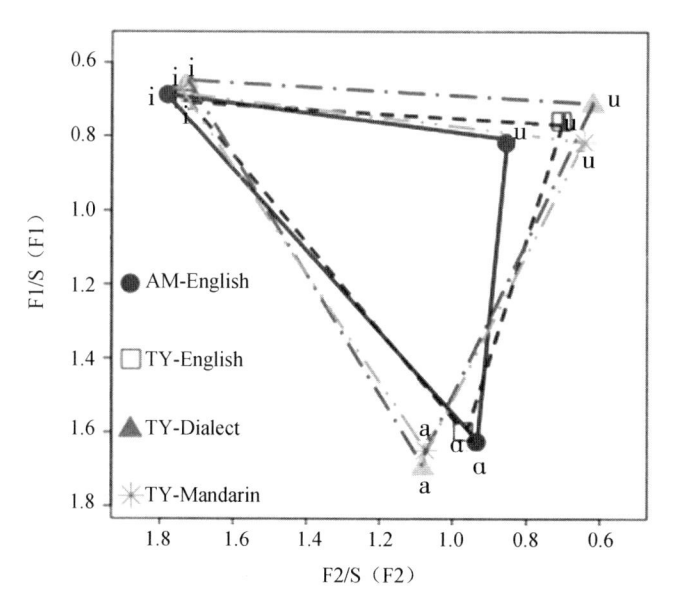

图 3—28 太原英语学习者与母语者顶点元音声学元音

由图 3—28 可知，太原方言英语学习者产出的三个顶点元音中，/ɑ/、/i/两个单元音与英语本族语者的发音舌位相近，且太原方言英语学习者产出的/ɑ/、/i/两个单元音与标准美国英语/ɑ/、/i/独立样本 t 检验结果均为 F_1（$p > 0.05$），F_2（$p > 0.05$），说明太原方言英语学习者/ɑ/、/i/的发音与标准美国英语无明显差异，习得良好。而图 37 中太原方言英语学习者产出的/u/的发音舌位与标准美国英语的发音舌位差异明显。经过独立样本 t 检验，结果显示太原方言标准美国英语/u/发音与英语本族语者/u/发音舌位差异显著 F_1（$p < 0.05$），F_2（$p < 0.05$），说明/u/习得不理想。且太原方言英语学习者/u/的第一共振峰 F1 频率值低于本族语者，第二共振峰 F2 频率值低于本族语者，因此可知太原方言英语学习者/u/发音比英语本族语者/u/发音舌位偏高靠后。

为探究方言、普通话对太原方言英语学习者英语习得的影响，此处通过单因素方差分析太原方言英语学习者产出的单元音与太原方言、太原普通话中相似元音第一共振峰、第二共振峰的相似度，结果见表3—40所示。数据显示，太原方言英语学习者（L3）/i/、/u/的第一共振峰频率值以及/i/的第二共振峰频率值与太原方言（L1）没有显著差异，且/i/、/ɑ/的第一共振峰频率值以及/i/的第二共振峰频率值与太原普通话（L2）没有显著差异。

表3—40　　　　　　　　单因素方差分析结果

元音	比较对象	F1	F2	MD
i	TYE-TYD	0.273	0.881	2.2107
	TYE-TYM	0.612	0.853	2.7020
u	TYE-TYD	0.338	0.000	6.3055
	TYE-TYM	0.002	0.001	5.9262
ɑ	TYE-TYD	0.004	0.000	2.3851
	TYE-TYM	0.139	0.000	1.4873

为进一步探究方言、普通话对英语习得的影响程度，此处通过分别计算太原英语与太原方言、太原普通话中相似元音的马氏距离，以得到太原英语与太原方言、太原普通话的相似度。数据显示，太原方言英语学习者在发英语元音/i/时，与太原方言/i/的距离最小；而在发英语元音/ɑ/、/u/时，与太原普通话/a/、/u/的距离最小。

总体来说，太原方言英语学习者/ɑ/、/i/的发音与标准美国英语没有显著差别，习得理想；/u/的发音相较标准美国英语发音而言则更加偏高靠后，习得不理想。至于英语习得中涉及的母语迁移影响，太原方言英语学习者在发英语元音/u/时受太原普通话/u/的影响较大。此外，太原方言英语学习者/a/的发音距太原普通话较近，/i/的发音则距太原方言较近。

四 太原地区英语学习者松紧元音习得

结合图 3—29 与独立样本 t 检验结果（见表 3—41）可知，在两对松紧元音/i，ɪ/、/u，ʊ/中，太原方言英语学习者/i/习得理想，而/ɪ/、/u/、/ʊ/习得不理想。观察这三个元音第一共振峰与第二共振峰的平均值可知，太原方言英语学习者/ɪ/的第一共振峰 F1 频率值低于标准美国英语，第二共振峰 F2 频率值高于标准美国英语，因此可知太原方言英语学习者/ɪ/发音比标准美国英语/ɪ/发音舌位偏高靠前。太原方言英语学习者/u/的第一共振峰 F1 频率值低于标准美国英语，第二共振峰 F2 频率值低于标准美国英语，因此可知太原方言英语学习者/u/发音比标准美国英语/u/发音舌位偏高靠后。太原方言英语学习者/ʊ/的第一共振峰 F1 频率值低于本族语者，第二共振峰 F2 频率值低于标准美国英语，因此可知太原方言英语学习者/ʊ/发音比英语本族语者/ʊ/发音舌位偏高靠后。

表 3—41　　　　　　　　　　松紧元音 T 检验结果

元音	t 检验	太原方言英语学习者	英语本族语者
i	pF1 = 0.440	/	/
	pF2 = 0.167	/	/
u	pF1 = 0.031	F1 = 0.741	F1 = 0.800
	pF2 = 0.000	F2 = 0.707	F2 = 0.856
ɪ	pF1 = 0.000	F1 = 0.721	F1 = 1.046
	pF2 = 0.000	F2 = 1.717	F2 = 1.473
ʊ	pF1 = 0.000	F1 = 0.794	F1 = 1.080
	pF2 = 0.010	F2 = 0.759	F2 = 0.836

为探究太原方言英语学习者是否区分松紧元音，我们对太原方言英语学习者产出的两对松紧元音的共振峰频率值进行了独立样本

t 检验。数据显示，太原方言英语学习者/i/ -/ɪ/的第一共振峰和第二共振峰都没有显著差异 F1（p>0.05），F2（p>0.05），说明太原方言英语学习者在发音舌位上无法区分/i/ -/ɪ/，加之太原方言英语学习者/i/习得理想，/ɪ/习得不理想，可知太原方言英语学习者会用/i/来替代/ɪ/的发音。而/u/ -/ʊ/的第一共振峰没有显著差异 F1（p>0.05），第二共振峰存在显著差异 F2（p<0.05），说明太原方言英语学习者会通过调整舌位的前后来区分/u/ -/ʊ/。进一步对比/u/ -/ʊ/共振峰的平均值，可知/u/和/ʊ/的发音舌位高度相似，但/u/的发音舌位相对靠后，/ʊ/的发音舌位相对靠前。

通过计算松紧元音归一后的音长平均值，我们作出了太原方言英语学习者和标准美国英语者松紧元音时长对比图。根据图 3—29 可知，太原方言英语学习者/u/的发音时长比标准美国英语长，而其余松紧元音在音长上则没有明显差别，与标准美国英语产出的松紧元音音长相似。独立样本 t 检验的结果进一步证实了这一发现，两组发音人/u/的发音时长存在显著差异（p=0.041），而其余松紧元音的发音时长则没有显著差异（均为 p>0.05）。

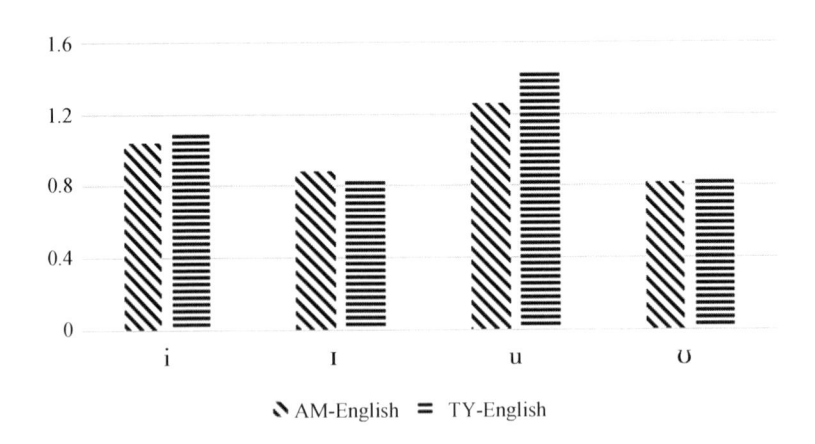

图 3—29 太原英语学习者与标准美国英语时长对比

为探究方言和普通话在音长上对英语习得的迁移作用，我们对松紧元音中两个相似元音/i/、/u/的音长进行了对比。由图3—30可知，太原方言和太原普通话中/i/的音长明显比标准美国英语要短，但太原英语/u/的音长比标准美国英语还长，这证明了对太原方言英语学习者而言，方言和普通话没有对紧元音/u/的音长产生迁移作用。由上已知太原英语/i/与标准美国英语/i/的音长相似，图3—30再次证实了这一结论。此外，我们还发现太原方言/i/、太原普通话/i/的音长与太原英语/i/较为接近。经过单因素方差分析得知，太原方言/i/的音长与太原英语/i/差异显著（$p = 0.003$），太原普通话/i/的音长与太原英语/i/没有显著差异（$p = 0.128$），说明对太原方言英语学习者而言，普通话对紧元音/i/的音长产生了正迁移作用。

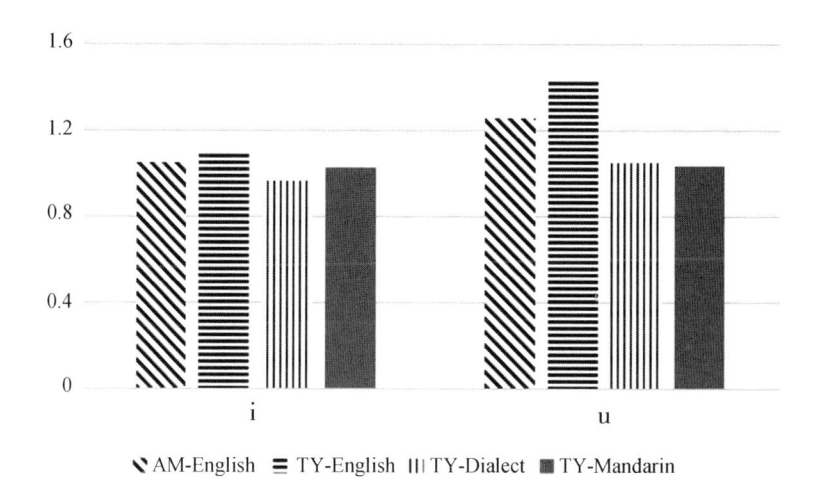

图3—30 标准美国英语和太原发音人元音/i/、/u/时长图

太原英语学习者和标准美国英语的两松紧元音的时长对比率（长元音时长/短元音时长）计算如下。

表 3—42　母语为太原话的发音人 /i/ -/ɪ/，/u/ -/ʊ/ 元音时长比

元音对	标准美国英语	太原英语
/i/—/ɪ/	1.181635	1.332365
/u/—/ʊ/	1.542559	1.686440

太原英语学习者的松紧元音的时长对比率比标准美国英语都要大。综上，太原英语学习者短元音与标准美国英语在时长上均无显著差异，长元音 /u/ 比标准美国英语长且有显著差异，时长对比率比标准美国英语要大，即太原人通过扩大时长差异来区别松紧元音。

五　小结

本小节研究了太原地区英语学习者对英语单元音的总体习得情况，并分别考察了其对顶点元音 /i/、/u/、/ɑ/ 以及松紧元音 /i/、/ɪ/、/u/、/ʊ/ 的习得情况。研究结果表明，太原方言英语学习者 /ɑ/、/i/、/ɔ/、/ɛ/ 4 个单元音习得良好，其余 6 个单元音习得不理想。其中，/ɪ/、/æ/ 的发音舌位偏高靠前，/ʌ/ 的发音舌位偏低靠前，/ɜ/、/u/、/ʊ/ 的发音舌位偏高靠后。可以总结出其中规律：前元音的发音会更靠前，低元音的发音会更偏低，后元音的发音则会更靠后，且不区分 /æ/ 和 /ɛ/。太原方言英语学习者顶点元音习得结果显示太原方言英语学习者产出的英语元音 /ɑ/、/i/ 与英语本族语者没有显著差别，习得理想；/u/ 的发音相较标准美国英语而言则更加偏高靠后，习得不理想。太原方言英语学习者产出的英语元音 /u/ 受太原普通话 /u/ 的影响较大。太原方言英语学习者产出的元音 /ɑ/ 距太原普通话较近，/i/ 距太原方言较近。太原方言英语学习者松紧元音习得结果显示太原方言英语学习者 /i/ 习得理想，而 /ɪ/、/u/、/ʊ/ 习得不理想，太原方言英语学习者产出的 /ɪ/ 比标准美国英语发音舌位偏高靠前，产出的 /u/、/ʊ/ 比标准美国英语发音

舌位偏高靠后。太原方言英语学习者在发音舌位上无法区分/i/－/ɪ/，会用/i/来替代/ɪ/的发音，可以通过调整舌位的前后来区分/u/－/ʊ/。方言和普通话没有对紧元音/u/的音长产生迁移作用，普通话对紧元音/i/的音长产生了正迁移作用。

第四节 湘语区英语学习者元音习得研究

一 长沙方言背景介绍

（一）长沙地理位置

长沙市位于湖南省东部偏北，湘江下游和长浏盆地西缘。其地域范围为东经111°53′—114°15′，北纬27°51′—28°41′。东邻江西省宜春地区和萍乡市，南接株洲、湘潭两市，西连娄底、益阳两市，北抵岳阳、益阳两市。东西长约230千米，南北宽约88千米。全市土地面积1.1819万平方千米，其中城区面积556平方千米。长沙市辖芙蓉、天心、岳麓、开福、雨花、望城6区，长沙、宁乡2县及浏阳市。

（二）湘语的起源与发展

长沙方言分布于长沙主城区和望城区、长沙县中南部以及宁乡县东北部，是新湘语的代表方言。湘语作为湖南省的代表方言，主要分为三片：长益片、娄邵片和辰溆片。长沙方言的特点是古全浊声母字、舒声字清化为不送气清音，属于长益片。

湘语的历史源远流长，但湘语区的确立直到20世纪30年代才被提出。鲍厚星等（1999）提出南楚方言极可能是后世湘方言的源头，湖南境内湘资流域是在古湘语区域之内。历代行政区划在方言形成过程中起重要作用。湖南在春秋战国时属楚国，秦统一中国后将湘资流域和沅澧流域分开设长沙郡和黔中郡，奠定了湖南历代政区的基础。湖南境内汉语方言在各个历史时期的发展与上述政区的划分不无关系。由北方移民浪潮形成的官话方言主要在黔中郡所及范围，而继承古湘语的现代湘语主要以长沙郡为地盘。长沙郡大部分县区属湘资两大水系，这种地理环境与历代行政区划相符，有利于湘语的传播、发展及内部的稳定性。

另外历代的移民对方言的作用也是不可忽略的。由于移民，湘方言流行的区域扩大了范围，使原非湘语区的地域内形成了湘语区。移民带来的方言与湘语长期接触和碰撞，官话和赣语与湘语长期交汇互相影响，形成"你中有我，我中有你"的局面。

（三）长沙话音系系统

如表3—43所示，长沙方言中有声母23个，韵母41个，其中单韵母8个，分别为/a/、/i/、/u/、/y/、/ə/、/e/、/o/、/ɤ/。

表3—43　　　　　　　　　长沙方言声母

p	p'	m	f	t	t'	l	k	k'	x	ŋ̟	ŋ
tɕ	tɕ'	ɕ	ts	ts'	s	tʂ	tʂ'	ʂ	ʐ	∅	

表3—44　　　　　　　　　长沙方言韵母

a	o	ə	i	ɿ	ʅ	u	y
ia	ua	ya	io	uə	ie	ye	ə̃
ai	uai	yai	ei	uei	yei	au	iẽ	yẽ
iau	əu	iəu	an	ian	uan	yan		
ən	uən	in	yn	oŋ	ioŋ	õ	m̩	n̩

（四）长沙话、普通话、美音音系对比

从表3—45可知，长沙方言、普通话与标准美国英语中存在/a/、/i/、/u/三个相似元音。与标准美国英语相比，长沙方言中特有的单元音有/y/、/ə/、/e/、/o/、/ɤ/ 5个，标准美国英语中特有的单元音有/ʌ/、/ɪ/、/ʊ/、/æ/、/ɜ/、/ɛ/、/ɔ/ 7个。长沙方言和普通话相比，长沙方言中特有的单元音有/ə/、/e/，普通话特有的单元音有/ɣ/、/ɚ/、/ʅ/3个。

表3—45　　　　　　　　　音系对照表

长沙方言	a	i	y	e	ə		u		o		ʅ	
标准美音	ɑ	i	ɪ	ɛ	ʌ	ɜ	u	ʊ	ɔ	æ		
普通话	a	i	y		ɚ		u	ɣ	o		ʅ	ʅ

二　长沙地区英语学习者元音总体习得

图3—31为长沙英语学习者的整体发音情况。其中x轴为第二共振峰（F2），代表元音发音的舌位前后，y轴为第一共振峰（F1），代表元音发音的舌位高低。通过独立样本T检验来计算长沙英语学习者产出英语元音与标准美国英语的差异，再计算长沙英语与标美、长沙方言以及长沙普通话间的马氏距离来考察长沙英语学习者在学习英语元音时受哪种语言的影响更大。表3—46为计算结果。

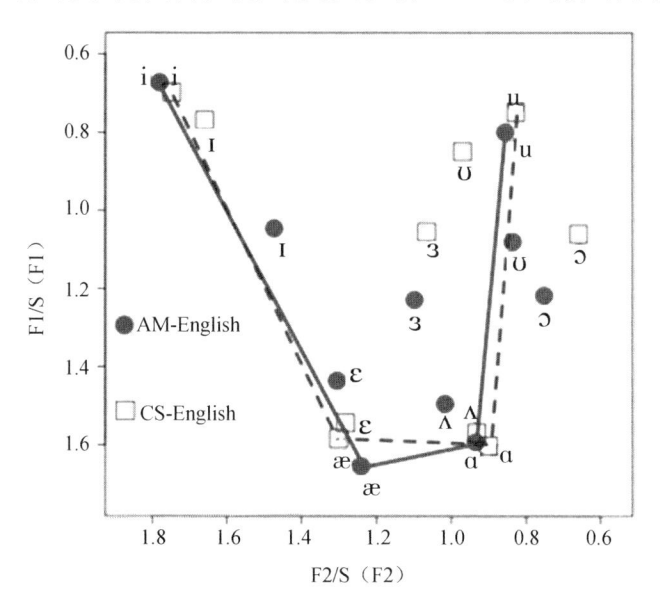

图3—31　长沙英语学习者与标准美国英语单元音声学元音

表 3—46　　独立样本 T 检验以及马氏距离

元音	比较对象	F1	F2	马氏距离
ɑ	CSE-AME	0.813	0.065	2.2340
ɑ	CSE-CSD	0.845	0.000	6.6473
ɑ	CSE-CSM	0.009	0.851	2.8594
i	CSE-AME	0.128	0.303	5.3725
i	CSE-CSD	0.797	0.145	3.3311
i	CSE-CSM	0.041	0.479	2.8853
u	CSE-AME	0.036	0.429	2.6813
u	CSE-CSD	0.000	0.000	19.0611
u	CSE-CSM	0.414	0.000	25.3093
ʌ	CSE-AME	0.023	0.000	4.6435
ʌ	CSE-CSD（a）	0.259	0.000	9.3158
ʌ	CSE-CSM（a）	0.000	0.112	4.2533
ɪ	CSE-AME	0.000	0.000	8.4448
ɪ	CSE-CSD（i）	0.001	0.000	4.7170
ɪ	CSE-CSM（i）	0.000	0.003	4.3142
ʊ	CSE-AME	0.000	0.000	5.1980
ʊ	CSE-CSD（u）	0.001	0.000	28.0972
ʊ	CSE-CSM（u）	0.002	0.000	45.6842
ɔ	CSE-AME	0.000	0.000	5.2381
ɔ	CSE-CSD（o）	0.369	0.000	11.0734
ɔ	CSE-CSM（o）	0.311	0.000	9.3503
ɜ	CSE-AME	0.000	0.085	3.5728
ɜ	CSE-CSD	0.004	0.907	1.2706
ɜ	CSE-CSM（er）	0.000	0.004	5.1230
æ	CSE-AME	0.046	0.001	3.1114
æ	CSE-CSD	/	/	/
æ	CSE-CSM	/	/	/
ɛ	CSE-AME	0.002	0.259	2.6827
ɛ	CSE-CSD（e）	0.000	0.000	3.7421
ɛ	CSE-CSM	/	/	/

长沙英语学习者在产出英语前元音时，/i/与标准美国英语相比在 F1（p=0.128），F2（p=0.303）上均无显著差异，习得良好。/ɪ/与标准美国英语相比在 F1（p=0.000），F2（p=0.000）上均有显著差异。舌位更高更前。与长沙方言里的/i/相比，在 F1（p=0.001），F2（p=0.000）上均有差异，与长沙普通话里的相似语音/i/相比，在 F1（p=0.000），F2（p=0.003）上均有差异。马氏距离显示长沙人发的/ɪ/与长沙普通话更近，受普通话影响最大。/æ/与标准美国英语相比在 F1（p=0.046），F2（p=0.001）上均有显著差异，舌位更高更前。/ɛ/与标准美国英语相比在 F1（p=0.002）上有显著差异，在 F2（p=0.259）上无显著差异，舌位更高。

央元音/ʌ/与标准美国英语相比在 F1（p=0.023），F2（p=0.000）上均有显著差异。舌位偏下偏后。与长沙方言里的/a/相比，在 F1（p=0.259）上无显著差异，F2（p=0.000）上有显著差异。舌位靠前。与长沙普通话里的/a/相比，在 F1（p=0.000）上有显著差异，F2（p=0.112）上无显著差异。舌位更高。马氏距离显示与长沙普通话的距离更近，受普通话影响较大。/ɜ/与标准美国英语相比在 F1（p=0.000）上有显著差异，在 F2（p=0.085）上无显著差异，舌位更高。与长沙方言相比，在 F1（p=0.004）是有显著差异，F2（p=0.907）上无差异。与长沙普通话里最为接近的语音/er/相比，在 F1（p=0.000），F2（p=0.004）上均有显著差异。马氏距离显示长沙人发的/ɛ/更接近方言里的/ə/，受长沙方言影响较大。

后元音/u/与标准美国英语相比在 F1（p=0.036）上有显著差异，在 F2（p=0.429）上无显著差异。舌位更高更前。与长沙方言相比，在 F1（p=0.000），F2（p=0.000）上均有显著差异。与长沙普通话相比，在 F1（p=0.414）上无显著差异，F2（p=

0.000）上有显著差异。马氏距离显示长沙人发的/u/与标准美国英语最为接近，尽管在舌位高低上有一定的偏误。/ʊ/与标准美国英语相比在 F1（p=0.000）上有显著差异，F2（p=0.000）上无显著差异，舌位更高更前。与长沙方言里的相似语音/u/相比，二者在 F1（p=0.001），F2（p=0.000）上均有显著差异。与长沙普通话里的相似语音/u/相比，二者在 F1（p=0.002），F2（p=0.000）上均有显著差异。马氏距离显示与标准美国英语的/ʊ/更接近。因此尽管长沙人产出/ʊ/不太理想，但受到方言的影响小，更接近标准美国英语发音。/ɔ/与标准美语相比在 F1（p=0.000），F2（p=0.000）上均有显著差异，舌位更高更后。与长沙方言里最为接近的语音/o/相比，在 F1（p=0.369）上无显著差异，在 F2（p=0.000）上有显著差异，舌位更靠前。与长沙普通话里最为接近的语音/o/相比，在 F1（p=0.311）上无显著差异，在 F2（p=0.000）上有显著差异。马氏距离显示与标准美国英语/ɔ/更接近。因此尽管长沙人/ɔ/发不标准，但受方言与普通话影响小，与标准美国英语距离较近。/ɑ/与标准美国英语相比，在 F1（p=0.813），F2（p=0.065）上均无显著差异，习得较好。

总体而言，长沙方言英语学习者所发英语元音较之标准美国英语舌位都偏高靠前，/ɑ/、/i/两个单元音习得良好，其余八个单元音习得不理想。其中，/ɪ/、/æ/、/u/、/ʊ/与标准美国英语相比，舌位更高更前。/ɜ/、/ɛ/舌位更高。/ʌ/舌位偏低偏后。/ɔ/舌位更高更后。

三　长沙地区英语学习者顶点元音习得

由图 3—32 可知，长沙普通话的元音空间比英语大，长沙方言的顶点元音/a/和/u/与其他三种语言都相差很大。

通过独立样本 T 检验，来检测长沙英语学习者所发英语元音

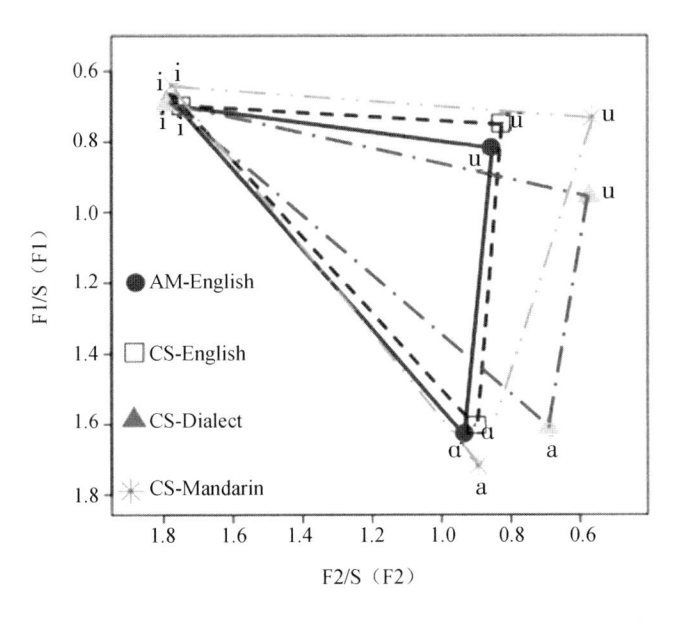

图 3—32　长沙英语学习者与标准美国英语顶点元音声学元音

/i/、/u/、/ɑ/与标准美国英语者以及长沙方言、长沙普通话中的对应元音是否存在显著差异，马氏距离显示方言和普通话对长沙英语语音习得的影响。表 3—47 为配对样本 T 检验和马氏距离结果。

表 3—47　　　　　　　　独立样本 T 检验以及马氏距离

元音	比较对象	F1	F2	MD
ɑ	CSE-AME	0.813	0.065	2.2340
ɑ	CSE-CSD	0.845	0.000	6.6473
ɑ	CSE-CSM	0.009	0.851	2.8594
i	CSE-AME	0.128	0.303	5.3725
i	CSE-CSD	0.797	0.145	3.3311
i	CSE-CSM	0.041	0.479	2.8853
u	CSE-AME	0.036	0.429	2.6813
u	CSE-CSD	0.000	0.000	19.0611
u	CSE-CSM	0.414	0.000	25.3093

长沙人发的元音/ɑ/与标准美国英语比较接近，统计结果显示，与标准美国英语相比在 F1（p=0.813），F2（p=0.065）上均无显著差异，习得较好。

长沙人发的元音/i/产出良好，与标准美国英语相比在 F1（p=0.128），F2（p=0.303）上均无显著差异，习得良好。

长沙人发的元音/u/与标准美国英语相比在 F1（p=0.036）上有显著差异，在 F2（p=0.429）上无显著差异。舌位更高。与长沙方言相比，在 F1（p=0.000），F2（p=0.000）上均有显著差异。与长沙普通话相比，在 F1（p=0.414）上无显著差异，F2（p=0.000）上有显著差异。马氏距离显示长沙人发的/u/与标准美国英语最为接近，尽管在舌位高低上有一定的偏误。

四　长沙地区英语学习者松紧元音习得

在音质上，长沙人可以很好地区别/i/—/ɪ/，/u/—/ʊ/。统计结果显示，/i/—/ɪ/在舌位高低和前后上均有显著差异：F1（p=0.002）F2（p=0.005）。/u/—/ʊ/在舌位高低和前后上均有显著差异：F1（p=0.006）F2（p=0.002）。

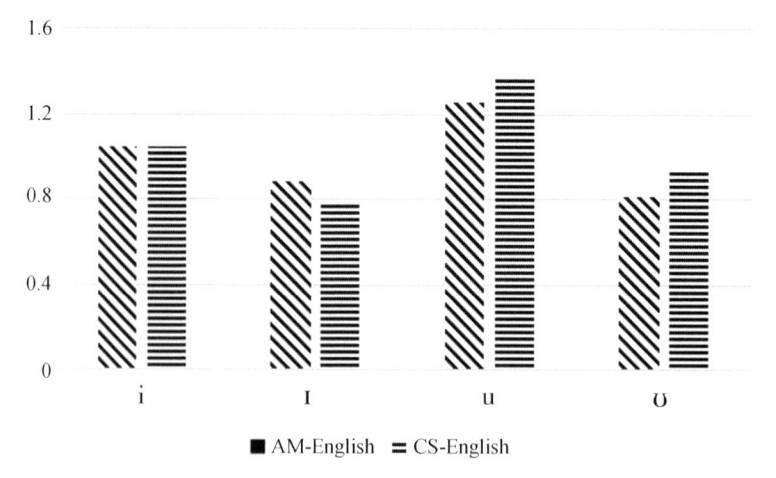

图3—33　标准美国英语和长沙英语学习者松紧元音时长对比

图 3—33 是长沙英语学习者与标准美国英语时长对比。由图 3—33 可知，长沙英语学习者在发英语松紧元音对时，长元音/i//u/与标准美国英语无显著差异（/i/p = 0.953，/u/p = 0.178）。短元音/ʊ/相比标准美国英语时长略短，但统计结果显示两组间无显著差异（p = 0.132），短元音/ɪ/比标准美国英语要短，统计结果显示两组间有显著差异（p = 0.013）。

为探究长沙方言和普通话在音长上对英语习得的迁移作用，我们对松紧元音中相似元音/i/、/u/在各语言中的时长进行了对比，见图 3—34。数据分析表明，长沙英语学习者所发长元音/i/（p = 0.953），/u/（p = 0.178）与本族语者无显著差异。

长沙英语学习者和标准美国英语的两对松紧元音的时长对比率（长元音时长/短元音时长）计算如下。

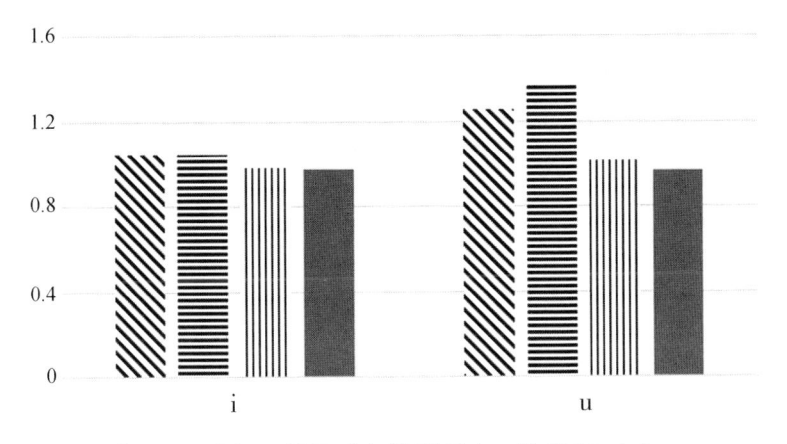

图 3—34　/i/，/u/在各语言中的时长对比

表 3—48　　　　　　　　长沙方言学习者松紧元音时长比

元音对	标准美国英语	长沙英语
/i/—/ɪ/	1.181629	1.334605
/u/—/ʊ/	1.542905	1.454281

总的说来，长沙英语学习者在习得英语松紧元音时，长元音与本族语者在时长上无显著差异，受方言和普通话影响较小。短元音/ɪ/与标准美国英语有显著差异，时长较短。时长对比率/u/—/ʊ/比标准美国英语略小，时长差异较小，/i/—/ɪ/比标准美国英语大，即松紧元音时长差异较大。

五 小结

本小节研究了长沙地区英语学习者对英语单元音的总体习得情况，并分别考察了其对顶点元音/i/、/u/、/ɑ/以及松紧元音/i/、/ɪ/、/u/、/ʊ/的习得情况。研究结果表明，长沙方言英语学习者所发英语元音较之标准美国英语舌位都偏高靠前，/ɑ/、/i/两个单元音习得良好，其余8个单元音习得不理想。其中，/ɪ/、/æ/、/u/、/ʊ/与标准美语相比，舌位更高更前。/ɜ/、/ɛ/舌位更高。/ʌ/舌位更低更后。/ɔ/舌位更高更后。长沙方言英语学习者顶点元音习得结果显示，长沙人产出的英语元音/ɑ/、/i/与标准美国英语相比均无显著差异，习得理想。长沙人产出的英语元音/u/与标准美国英语相比F1有显著差异，故舌位更高，/u/与长沙方言相比，F1、F2均有显著差异，与长沙普通话相比，F1无显著差异，F2有显著差异。马氏距离显示长沙人发的/u/与标准美国英语最为接近，尽管在舌位高低上有一定的偏误。长沙方言英语学习者松紧元音习得结果显示，长沙英语学习者在习得英语松紧元音时，长元音与本族语者在时长上无显著差异，受方言和普通话影响较小。短元音/ɪ/与标准美国英语有显著差异，时长较短。/u/—/ʊ/时长差异较小，/i/—/ɪ/松紧元音时长差异较大。

第五节 闽语区英语学习者元音习得研究

一 福州方言背景介绍

(一) 福州地理位置

通常说的福州,指的是鼓楼、台江、苍山、马尾四个市区及郊区,简称榕,别称三山。福州市地处福建省东部、闽江下游,位于东经119°17′—119°24′,北纬26°05′—26°2′(李荣、冯爱珍1998)。

(二) 福州方言的起源与划分

福州方言是多来源的,其底层应当是古闽越族的语言,魏、晋之前的早期移民带来古吴语和古楚语,上古汉语和中古汉语也明显地留存于福州话中,近代普通话中的新词更是大量地进入福州话,甚至外国语如日语、英语等也都进入福州话,共同构成这一方言(李如龙、梁玉璋2001)。

周振鹤、游汝杰(1986)在《方言与中国文化》中指出:"闽语的主要渊源是东汉三国时期的吴语,因为福建的汉人主要是这一时期从江浙一带迁入的。他们带来的这一时期的吴语和当地闽越语言经过交融后,逐渐形成与今日吴语不大相同的闽语。"丁邦新(2006)则进一步指出:"南北朝的吴语就是现在闽语的前身,当时的北语则是现在吴语的祖先。"戴黎刚(2012)在《闽语的历史层次及其演变》中具体划分某些闽语词的音读层次时同吴语的音读作比较,从而确定了闽语和吴语的同源关系。

张光宇(1996)在对闽语作历史层次分析时得出这样的结论:闽方言形成的来源有四个层次,西晋时期中原东部青徐移民带来的白读系统、西晋时司豫移民所带来的白读系统、南朝时期的江东吴语层次、唐宋时期通过文教力量传播而来的长安文读系统。

作为闽方言五大次方言之一的闽东方言,按区域及语言的特点可分为南、北两片。

北片方言区，分布于福建省东北部的交溪流域，包括宁德地区的七市、县。

南片方言区，主要分布在福建省东部的闽江下游流域，包括福州市及其所属的八市、县，即闽侯、闽清、长乐、福清、连江、永泰、平潭、罗源及宁德地区所属的两县（古田、屏南），共 11 市、县，面积 151235 平方千米，人口六百多万（梁玉璋 2006）。

福州居民以汉语为主，畲满蒙回等少数民族人口不多。畲族有聚居区，内部说畲话，对外说福州话。其余民族都说汉语（李荣、冯爱珍 1998）。

（三）福州方言音系系统

据李如龙、梁玉璋（2001），福州方言共有声母 15 个，包括零声母。口语中字音连读出现"β"（双唇浊擦音）、"ʒ"（舌叶浊擦音）两个声母。

表 3—49　　　　　　　　　福州声母

p	pʰ	m	t	tʰ	n	l
ts	tsʰ	s	k	kʰ	ŋ	h	ø

表 3—50　　　　　　　　　福州韵母

a (a)	o (ɔ)	y (øy)	ia (iɑ)	ua (uɑ)	ai (ɑi)	øy (yɔ)	aŋ (ɑŋ)	yŋ (øyŋ)	ua (uɑŋ)	ɛi (ɑiŋ)
ɛ (a)	i (ɛi)		ie (iɛ)	uo (u)	au (ɑu)	ua (uɑi)	iŋ (ɛiŋ)	ia (iɑŋ)	uo (uɔŋ)	ou (uŋ)
œ (ɔ)	u (ou)		iu (ieu)	yo (yɔ)	ɛu (ɑu)	ui (uoi)	uŋ (ouŋ)	ieŋ (iɛŋ)	yo (yɔŋ)	oy (ɔyŋ)
aʔ (aʔ)	oʔ (ɔʔ)	yʔ (øyʔ)	ua (uɑʔ)	ɛiʔ (ɑiʔ)	eʔ (ɛʔ)	uʔ (ouʔ)	ieʔ (iɛʔ)	yo (yɔʔ)	øy (ɔyʔ)	
øʔ (ɔʔ)	iʔ (ɛiʔ)	iaʔ (iɑʔ)	uo (uɔʔ)	ou (uŋʔ)						

（四）福州话、普通话、美音音系对比

从表3—51可知，福州方言、普通话与标准美国英语中存在/a/，/i/，/u/三个相似元音。与标准美国英语相比，福州方言中特有的单元音有/y/，/œ/2个，标准美国英语中特有的单元音有/ʌ/、/ɪ/、/ʊ/、/æ/、/ɜ/7个。福州方言和普通话相比，福州方言中特有的单元音有/œ/、/ɛ/、/ɔ/，普通话特有的单元音有/ɤ/、/ər/、/o/、/ɿ/、/ʅ/5个。

表3—51　　　　　　　　音系对照

福州方言	i	y	ɛ	œ		u			ɔ	a			
标准美国英语	i	ɪ	ɛ	æ	ɜ	u	ʊ	ʌ	ɔ	ɑ			
普通话	i	y			ər	u				a	o	ɿ	ʅ

二　福州地区英语学习者元音总体习得

根据 Watt and Fabricius Method 对 F1、F2 的值进行归一化处理后，通过 NORM 得到图3—35，表示标准美国英语和福州发音人发英语单元音时的声学元音图。其中 x 轴为第二共振峰（F2），代表元音发音的舌位前后，y 轴为第一共振峰（F1），代表元音发音的舌位高低。

从图3—35可知，整体上来说，福州英语学习者在产出前元音时，有更高、更前的趋势，后元音有偏后的趋势。同时，我们使用 SPSS 19 对福州英语学习者与母语者发音的 F1 和 F2 进行了独立样本 T 检验。统计结果表明，两组发音人在/u/、/ʌ/、/ɪ/、/ʊ/、/æ/、/ɜ/6个音上 F1 与标美存在显著差异（$p<0.05$），在/ɑ/、/u/、/ɪ/、/ɛ/、/æ/、/ɜ/、/ɔ/7个音上 F2 与标准美国英语差异显著（$p<0.05$）。其中，/æ/的发音舌位高低和前后均与标准美国英语存在显著差异，我们对福州英语学习者/ɛ/和/æ/进行了独立样

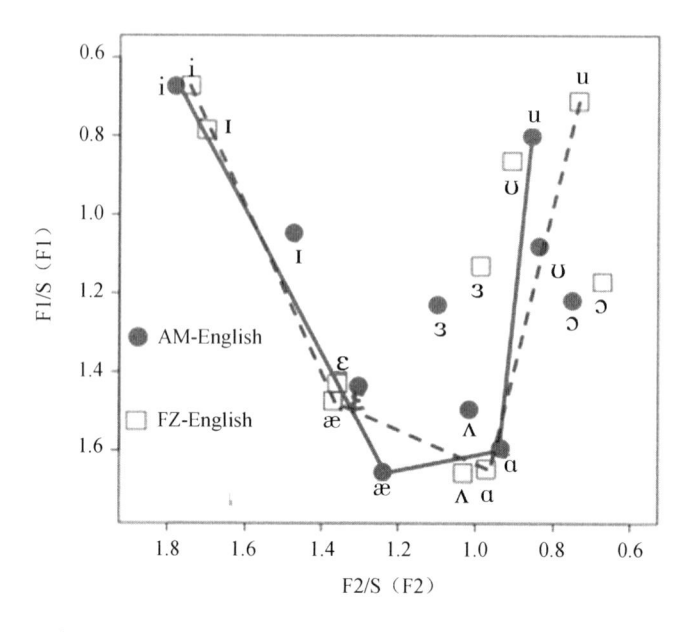

图 3—35　福州英语学习者与标准美国英语单元音声学元音

本 T 检验，结果显示二者无论舌位高低还是前后均无显著差异（p>0.05），因此可以证明二者发生了替代关系。另外，/ɜ/ 的发音也习得较差，原因可能是福州方言中无此音，受到方言发音习惯的影响，因此习得较差。所有元音中习得最好的音为 /i/，这是因为福州方言、普通话以及标准美国英语三者之间无论舌位高低还是前后均无显著差异（pF1>0.05、pF2>0.05）。

三　福州地区英语学习者顶点元音习得

通过单因素方差分析检测福州英语学习者所发英语元音 /i/、/u/、/ɑ/ 与标准美国英语以及其普通话和方言中的对应元音是否存在显著差异，以此来说明学习者英语发音的习得状况以及方言和普通话对英语语音习得的影响。马氏距离显示方言和普通话对福州英语语音习得的影响。下表为单因素方差分析和马氏距离结果。

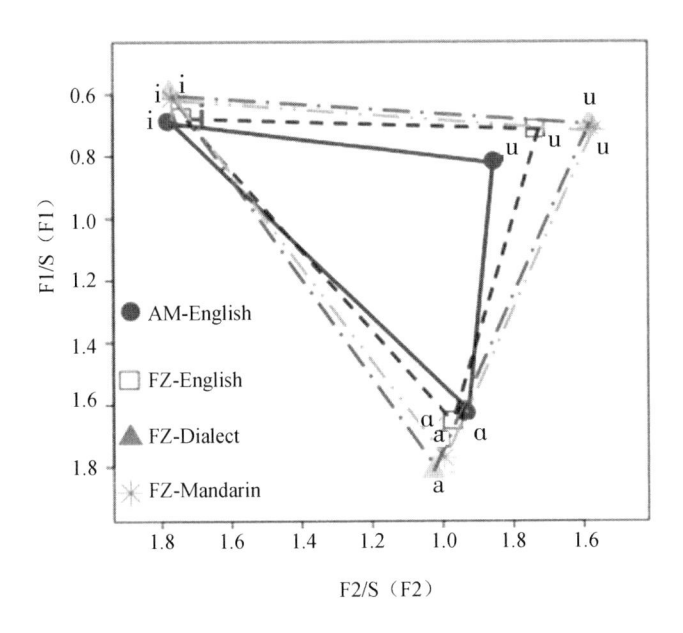

图 3—36　福州英语学习者与标准美国英语顶点元音声学元音

表 3—52　　　　　　　　单因素方差分析以及马氏距离

元音	比较对象	F1	F2	MD
ɑ	FZE-AME	0.215	0.015	1.3894
	FZE-FZD	0.000	0.000	4.2626
	FZE-FZM	0.003	0.253	2.7955
i	FZE-AME	0.124	0.172	/
	FZE-FZD	0.000	0.224	/
	FZE-FZM	0.000	0.334	/
u	FZE-AME	0.000	0.000	3.0026
	FZE-FZD	0.340	0.000	6.8109
	FZE-FZM	0.257	0.000	6.445

由图 3—36 和表 3—52 可以看出，福州人发的英语/ɑ/与标准美国英语相比 F1（p=0.215）无显著差异，舌位高低习得较好；而 F2（p=0.015）有显著差异，舌位偏前，且马氏距离与普通话距离较小，说明英语/ɑ/的发音舌位前后受普通话影响较大。

/i/无论舌位高低还是前后都与标准美国英语无显著差异：F1（p = 0.124），F2（p = 0.172），习得较好，因此无须再做马氏距离。

/u/无论舌位高低还是前后都与标准美国英语有显著差异：F1（p = 0.000），F2（p = 0.000），习得较差。舌位高低受方言和普通话影响较大，与方言相比 F1（p = 0.340），与普通话相比 F1（p = 0.257），无显著差异，舌位前后未明显受到方言和普通话的影响。但其与标准美国英语马氏距离更近（MD = 3.0026），根据 Selinker 的中介语理论，学习者可能在习得时产生了既不同于方言和普通话，又区别于标准美国英语的中介语。

四 福州地区英语学习者松紧元音习得

通过独立样本 T 检验可以发现，与标准美国英语相比，福州英语学习者/ɪ/无论舌位高低还是前后都与母语者存在显著差异：F1（p = 0.000），F2（p = 0.000）。/ʊ/舌位高低习得不理想：F1（p = 0.000），舌位前后习得较好：F2（p = 0.955）。

福州人所发元音/i/—/ɪ/在 F1 上有显著差异，F2 上无显著差异：F1（p = 0.000），F2（p = 0.087），说明发音人主要通过舌位高低来区分/i/和/ɪ/。而福州人的/u/和/ʊ/在 F1 和 F2 上差异均显著：F1（p = 0.000），F2（p = 0.000），说明福州学习者可以区分/u/和/ʊ/。

松紧元音的对立不仅有音质的对立，时长也是很重要的一个特征。我们通过公式对时长进行了归一处理，图3—37是福州英语学习者与母语者时长对比。通过图3—37，我们可以发现，福州英语学习者长音/i/和/u/都表现为偏长，短音/ɪ/和/ʊ/都偏短，原因可能是学习者注意到英语松紧元音的时长对立，但为了更明显地将二者区分，发长音时拉得更长，而短音发得更短。

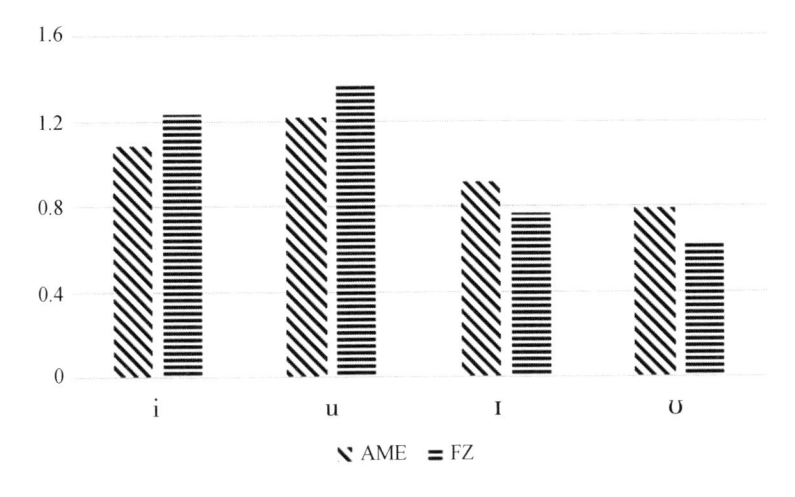

图 3—37　福州英语学习者与母语者时长对比

五　小结

本节研究了长沙地区英语学习者对英语单元音的总体习得情况，并分别考察了其对顶点元音/i/、/u/、/ɑ/，以及松紧元音/i/、/ɪ/、/u/、/ʊ/的习得情况。研究结果表明，从总体习得情况来看，福州英语学习者产出的前元音在舌位上与英语母语者相比，有靠前、靠上的趋势，而后元音有靠后的趋势。就顶点元音而言，福州学习者对单元音/i/、/u/的习得效果理想，他们发这两个音时，其舌位的高低、前后均与英语母语者没有显著差异，但对/ɑ/的习得不理想，其舌位前后与母语者相比更靠前，且马氏距离与普通话距离较小，说明福州学习者/ɑ/的发音舌位前后受普通话影响较大，但其舌位高低与母语者相比无显著差异，习得较好。就松紧元音而言，福州学习者可以有效地区分/u/和/ʊ/，并且主要通过发音时舌位的高低来区分/i/和/ɪ/，但是与标准美国英语相比，福州学习者产出的单元音/u/在舌位高低上存在显著差异，/ɪ/在舌位高低前后上都存在显著差异，习得效果不理想。在时长上表现为，福州英语学习者产出的紧音/i/和/u/都较标准美国英语而言偏长，松音/ɪ/和/ʊ/都较标准美国英语而言偏短,这可能是学习者因注意到英语松紧元音的时长对立,从而在发音时有意识在时长上对二者进行区分。

第六节 总结

本章主要研究了官话区、吴语区、晋语区、湘语区、闽语区中,北京、天津、济南、哈尔滨、大连、西安、镇江、宁波、太原、长沙、福州等方言点的英语学习者对英语单元音的整体习得情况,并具体考察了学习者对顶点元音与松紧元音的习得。

从总体习得情况来看,不同方言区学习者的方言,以及方言普通话均会对其习得英语单元音产生迁移作用。在顶点元音中,学习者最容易习得的为/i/,除了大连地区学习者产出的英语/i/与英语母语者存在显著差异外,其余方言地区学习者产出/i/时,其舌位高低、前后均与英语母语者无显著差异,准确地习得了单元音/i/。而对于/u/、/ɑ/的习得情况,不同方言区学习者因受方言、方言普通话的影响,表现各不相同。具体为,天津、大连、哈尔滨、太原、福州的英语学习者均不能很好地习得单元音/u/,其产出的/u/在舌位高低、前后方面均与母语者有显著差异,其他方言区的学习者产出的/u/或在舌位高低上与标准美国英语有差异,或在舌位前后上与标准美国英语有差异。此外,天津、大连、宁波、太原、长沙地区的学习者对单元音/ɑ/的习得效果理想,其产出的英语/ɑ/在舌位高低、前后上均与标准美国英语无显著差异。

关于松紧元音的习得情况,不同方言区学习者具有一定的共性,具体表现为,北京、济南、大连、哈尔滨、西安、镇江、宁波、太原、长沙、福州地区学习者产出的/ɪ/的时长均短于标准美国英语;除了大连学习者产出的/ʊ/的时长短于标准美国英语，其余方言区学习者/u/的时长均长于标准美国英语；除了镇江、长沙学习者产出的/i/的时长短于标准美国英语，其余方言区学习者/i/的时长均长于标准美国英语。至于/ʊ/的习得情况，北京、济南、大连、太原、长沙方言区学习者产出/ʊ/的时长均长于标准美国英语，哈尔滨、西安、镇江、宁波、福州方言区学习者产出/ʊ/的时长均短于标准美国英语。

第四章

讨　论

第三章我们以五大方言区中的代表城市为例,利用实验语音学的方法,对不同方言区英语学习者单元音习得情况进行了研究,同时以/i/、/u/、/a/三个元音为例,从第三语言角度全面探讨了方言和普通话对英语语音习得的综合影响。本章将结合 Flege 的语音学习模型,对不同方言区学习者的特色元音的习得情况做进一步研究。

第一节　官话区英语学习者特色元音习得研究

一　北京地区英语学习者特色元音习得研究

北京话与标准美国英语中存在/a/、/i/、/u/三个相似元音。与美式英语相比,北京话中特有的单元音有/y/、/ər/、/ʅ/、/ɿ/、/ɤ/、/o/6 个,美语中特有的单元音有/ʌ/、/ɪ/、/ʊ/、/æ/、/ɜ/、/ɛ/、/ɔ/7 个。结合第三章的结果与语音学习模型,我们对英语学习者特色元音的习得做进一步讨论。

/æ/与标准美国英语相比在 F1（p=0.000）上有显著差异,在 F2（p=0.185）上无显著差异,舌位更高。/ɛ/与标准美音相比在 F1（p=0.077）上无显著差异,在 F2（p=0.000）上有显著差异,

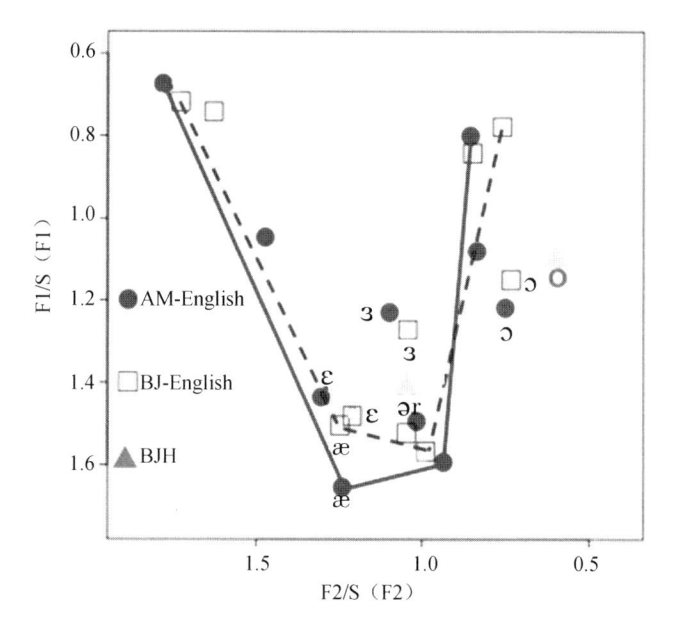

图4—1 母语者和北京方言英语学习者英语和方言声学元音

舌位更靠后。北京人产出的/ɛ/和/æ/在 F1 上无显著差异（p = 0.271），在 F2 上有显著差异（p = 0.016），即北京英语学习者通过舌位前后来区别/ɛ/和/æ/。

/ɜ/与标准美国英语相比在 F1（p = 0.670）上无显著差异，在 F2（p = 0.000）上有显著差异，舌位更靠后。与北京话里最为接近的语音/ər/相比，在 F1（p = 0.000），F2（p = 0.000）上均有差异。马氏距离显示北京人发的/ɜ/更接近标准美国英语的发音，但仍不标准。

北京人所发/ɔ/与标准美国英语相比在 F1（p = 0.023）上有显著差异，在 F2（p = 0.171）上无显著差异，舌位更高。与北京话里最为接近的语音/o/相比，在 F1（p = 0.119）上无显著差异，在 F2（p = 0.000）上有显著差异，舌位更靠前。马氏距离显示与标准美国英语/ɔ/更接近。因此北京人习得/ɔ/时尽管在舌位高低上有偏误，但受方言影响较小，仍更接近标准美国英语的发音。

二 天津地区英语学习者特色元音习得研究

Flege（1987）认为："新的"（new）语音比"相似的"（similar）语音更容易习得，而且两种语言语音的差异越小，学习者的困难越大，同时主张等值归类这种基本的认知机制对成年人的二语习得具有重要影响，在此机制的作用下，那些在第一语言中能够找到相似对应物的语音单位很难被学习者成功掌控，而那些在第一语言中无相似对应物的语音单位则有可能被成功习得。具体而言，第一语言和第二语言音素相似性大时，第一语言的音素会阻隔学习者建立第二语言的语音范畴，而相似性较小时，学习者有可能建立新的第二语言语音范畴。依据 Flege 的 SLM 理论，针对本书的研究，则是第一语言和第二语言对第三语言的习得产生共同作用，天津方言和普通话与英语相似的元音应该对于天津英语学习者来说较难习得，而不同的元音应该较容易习得。就单元音而言，天津方言与英语语音系统中存在 3 个相似元音/a/、/i/、/u/。英语中有而天津方言中没有的特色元音有/æ/、/ɛ/、/ɜ/、/ɔ/、/ɪ/、/ʊ/、/ʌ/，共 7 个。

（一）相似元音

对应上文的实验结果，我们可以看出，天津方言英语学习者与英语本族语者单元音产出存在系统性差异。首先，天津方言和普通话与英语相似的元音/u/较难习得。根据马氏距离对方言英语、方言和普通话相似元音之间做的相似度分析结果，天津英语元音/u/与天津普通话元音/u/的距离更近，这说明天津英语元音/u/受天津普通话的影响更大。而对天津方言、普通话与英语相似元音的马氏距离的计算发现，在产出英语元音/u/时，天津方言的英语学习者倾向于用天津普通话中找到的与之相似的元音/u/的发音代替。这一实验结果符合 SLM 理论的预测。另外，天津方言学习者产出的

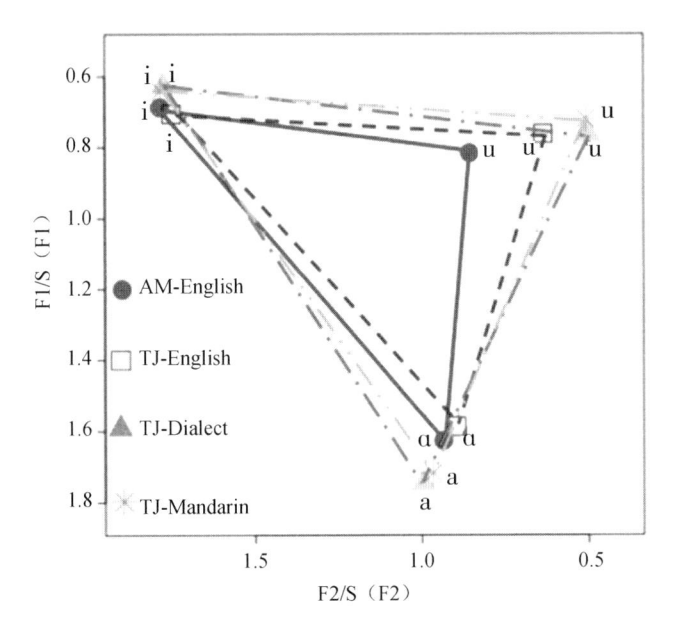

图 4—2　天津英语学习者 /i/，/u/，/ɑ/ 的声学元音

英语元音 /ɑ/、/i/ 与本族语者无显著性差异，习得结果较好，这一点与 SLM 理论的预测不太相符。

表 4—1　天津方言、普通话与英语相似元音的马氏距离

	方言—英语	普通话—英语
a	1.9301	2.2582
i	5.7229	1.9104
u	26.6958	15.3842

（二）特色元音

对于特色元音来说，天津英语学习者的舌位普遍存在不到位且偏后的问题，造成这一问题的原因一方面是天津英语学习者不能很好地区分松紧元音，另一方面可能是受到了方言和普通话中相似音的影响。下面我们分类对其进行分析。

1. 不能很好区分松紧元音

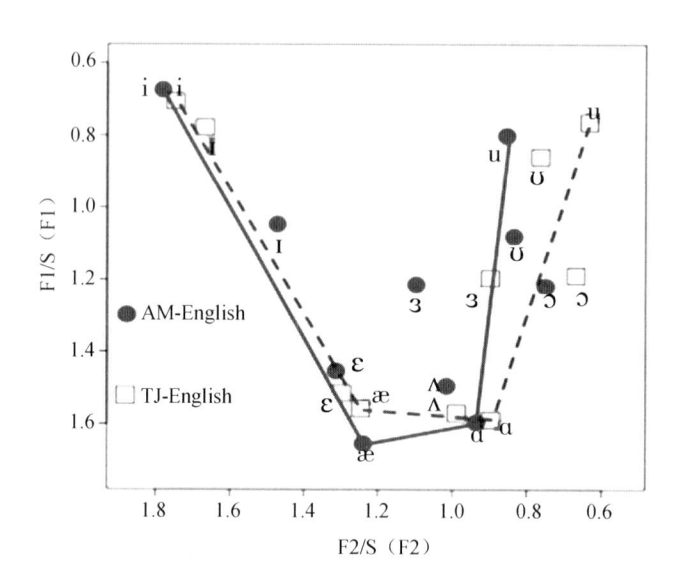

图4—3 天津英语学习者与英语本族语者单元音总体分布

天津英语学习者和标准美国英语产出的/ɪ/在舌位高低和舌位前后上均存在显著性差异（$pF1=0.000$，$pF2=0.000$），从图4—3可以看出舌位偏低靠后，说明习得得不理想。天津英语学习者的/i/和/ɪ/的舌位虽然在统计学上存在显著性的差异，但是这并不能说明天津英语学习者可以跟标准美国英语一样在舌位上很好地区分/i/和/ɪ/，这在很大程度上影响了天津英语学习者/ɪ/的习得。从图上可以看出，天津英语学习者习得的/ɪ/和/i/的距离较近，和标准美国英语中的/ɪ/距离很远，说明还是受到了方言和普通话中元音/i/的影响。

天津英语学习者和本族语者产出的/ʊ/在舌位高低上差异显著（$pF1=0.000$），从图4—3可以看出舌位偏高，在舌位前后上差异不显著（$pF2=0.387$）。标准美国英语的/u/和/ʊ/只区分舌位高低，不区分舌位前后，但是天津发音人的/u/和/ʊ/在舌位高低和舌位前后上都区分,这说明天津英语学习者已经意识到了松紧元音/u/在舌位上的区别并向着好的趋势发展,但是一方面他们对于这一差别存在于舌位高低还是舌位前后仍不清楚,另一方面发音仍然受方言和普通话的影响而不到位。

2. 受到了方言和普通话中相似音的影响

天津英语学习者和标准美国英语产出的/ɜ/在舌位高低上差异不显著($pF1 = 0.258$),在舌位前后上差异显著($pF2 = 0.000$),具体表现为舌位靠后。/ɜ/作为一个卷舌元音,与天津方言和普通话中的/ər/较为相似,根据 T 检验的结果表明,/ɜ/的舌位靠后是因为受到了天津方言中/ər/的影响($pF2 = 0.615$)。

天津英语学习者和标准美国英语产出的/ɔ/在舌位高低上差异不显著($pF = 0.292$),在舌位前后上差异显著($pF2 = 0.000$),这有可能是受到普通话和方言中复合元音/ao/的影响,但是由于语料限制,我们暂时无法下此定论。

三 济南地区英语学习者特色元音习得研究

Flege(1995)的语音学习模型理论认为,在学习者母语中找不到对应物的第二语言语音,比在学习者母语中可以找到一个相似对应物,但二者在某些方面还存在差异的第二语言语音,更容易习得;且两种语言语音的差异越小,习得难度也就越大。济南方言和标准美国英语中相似的元音有:/a/、/i/、/u/、/ɛ/、/ɔ/,没有的元音有/ɪ/、/æ/、/ʌ/、/ɜ/、/ʊ/,济南方言和标准美国英语相比,特有的元音有/y/、/ə/、/ɤ/、/ʅ/。

(一)相似元音

/a/、/i/、/u/三个元音不仅在济南方言和英语中存在,在普通话中同样存在。在第三章我们已经对三个顶点元音的习得情况进行过讨论,发现学习者在习得过程中受到了方言和普通话的不同影响。根据 Flege 的观点，英语标准美国英语/i/、/u/、/ɑ/都难以被中国学习者准确掌握，且差异越小越难准确习得。通过计算方言、普通话、英语中对应元音之间的马氏距离来对它们彼此之间的相似度做量化说明。下图为/i/、/u/、/a/三个元音用英语、方言和普通话产出时的声学元音图4—4。表4—2 为济南发音人英语—方言，英语—普通话间的马氏距离。

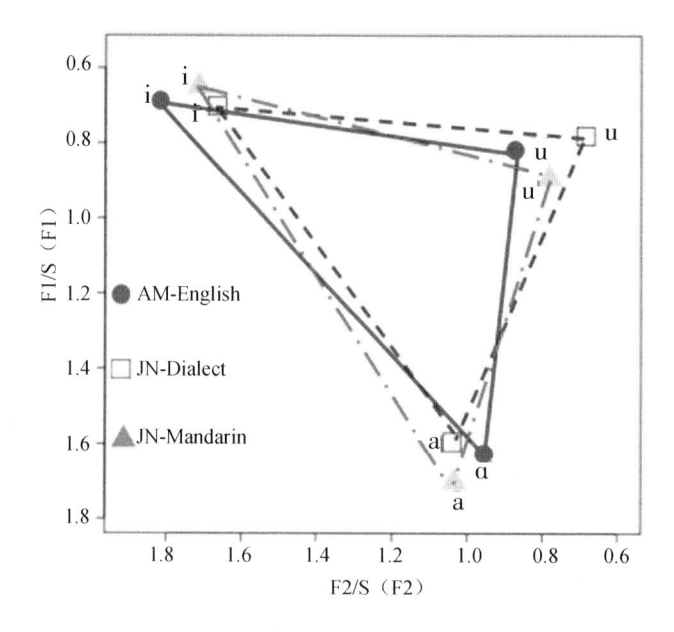

图 4—4　标准美国英语、方言和普通话中/i/、/u/、/a/三元音的声学元音

表 4—2　济南方言、普通话与标准美国英语 i/、/u/、/a/三元音的马氏距离

	方言—英语	普通话—英语
a	8.1720	11.3740
i	3.7343	2.7549
u	11.2854	5.3548

从上表可知，对济南发音人而言，普通话中/i/、/u/的距离与

标准美国英语中对应元音的 MD 值更小，方言中的/ɑ/与标准美国英语中的/ɑ/更为相似。根据语音学习模型理论，济南方言英语学习者在产出英语元音时，/i/、/u/易受普通话的影响，/ɑ/易受方言的影响。与第三章中的结论相比，元音/i/的结果存在出入，不符合语音学习模型理论，还需要进一步的研究来对其进行说明。

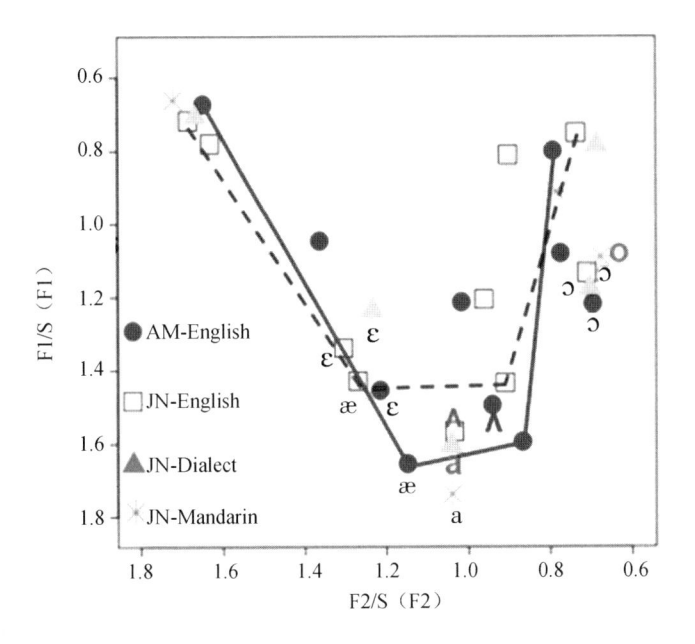

图 4—5　标准美国英语和济南方言英语学习者英语、方言、普通话声学元音图

与标准美国英语相比，济南方言中还存在/ɛ/、/ɔ/两个相似元音。在第三章中我们发现，济南发音人在习得英语元音/ɔ/时舌位明显偏高，由图 4—5 可知，造成这种偏误的原因可能是发音人母语背景中的相似元音产生了负迁移作用。独立样本 T 检验的结果表明，济南学习者方言中的/ɔ/和其产出的英语元音/ɔ/在 F1（p = 0.399），F2（p = 0.773）上均无显著差异，和普通话中的/o/在 F1（p = 0.035），F2（p = 0.037）上均存在显著差异，因此我们推测济南发音人在产出英语元音/ɔ/时受到了方言中相似音的影响。同

样受到济南方言中的/ɛ/的负迁移影响,济南方言英语学习者在产出英语/ɛ/时舌位偏高且靠前。

(二) 特色元音

与标准美国英语相比,济南方言中没有/ɪ/、/æ/、/ʌ/、/ɜ/、/ʊ/这5个元音,在上文中,我们对松元音/ɪ/、/ʊ/进行了分析,发现与母语者相比,方言区学习者更多是通过时长对松紧元音加以区分。对于/ɜ/,第三章T检验结果表明发音人可以较好地习得。对于元音/æ/,T检验结果表明,其与方言人所发英语元音/ɛ/在F1($p<0.05$)上存在显著差异,在F2($p=0.181$)上没有显著差异,与母语者所发/ɛ/相比,在F1($p=0.987$)和F2($p=0.207$)上均无显著差异。从上述分析中可知,受母语方言语音范畴中/ɛ/音的影响,发音人不能很好地区分标准美国英语中的/æ/、/ɛ/两音,且产出的/æ/音在舌位上更靠近标准美国英语元音/ɛ/。济南发音人产出的英语元音/ʌ/与方言中的/a/在F1($p=0.332$)、F2($p=0.806$)上均无显著差异,表明济南学习者在习得/ʌ/音时同样受到了母语中原有语音范畴的影响。

四 哈尔滨地区英语学习者特色元音习得研究

从第三章所介绍的音系对比中可以得知哈尔滨方言、普通话与标准美国英语中存在/a/、/i/、/u/3个相似元音。与标准美国英语相比,哈尔滨方言中特有的单元音有/ɤ/、/y/、/ər/、/ʅ/、/ɿ/ 5个,美语中特有的单元音有/ʌ/、/ɪ/、/ʊ/、/æ/、/ɛ/、/ɔ/、/ɜ/ 7个。在第三章已详细论述过相似元音/a/、/i/、/u/的习得情况,接下来,将对7个特色单元音进行详细说明。

从第三章的图3—19可知,哈尔滨英语学习者在产出英语单元音时与母语者存在着显著差异。哈尔滨方言英语学习者在产出后元音/ʊ/和央元音/ɜ/时,舌位更高且更靠后。在产出后元音/ʌ/时,发音人整体上舌位偏低，同/ɔ/音，在发/æ/音时，舌位呈现靠前的趋势，在发/ɛ/音时，舌位呈现偏低的趋势。在产出前元音/ɪ/时，哈尔滨发音人同母语者差异甚大。

表4—3 哈尔滨发音人特色元音的英语—标准美国英语、英语—方言、英语—普通话的MD、独立样本T检验值

元音	比较对象	MD	独立样本T检验
ɜ	哈尔滨英语—标准美国英语 ɜ	2.5435	F1p = 0.096，F2p = 0.000
	哈尔滨英语—哈尔滨方言 ər	1.5025	F1p = 0.237，F2p = 0.434
	哈尔滨英语—哈尔滨普通话 ər	2.0859	F1p = 0.006，F2p = 0.455
ʌ	哈尔滨英语—标准美国英语 ʌ	/	F1p = 0.000，F2p = 0.448
ɪ	哈尔滨英语—标准美国英语 ɪ	/	F1p = 0.000，F2p = 0.000
ʊ	哈尔滨英语—标准美国英语 ʊ	/	F1p = 0.000，F2p = 0.007
æ	哈尔滨英语—标准美国英语 æ	/	F1p = 0.491，F2p = 0.044
ɛ	哈尔滨英语—标准美国英语 ɛ	/	F1p = 0.000，F2p = 0.971
ɔ	哈尔滨英语—标准美国英语 ɔ	/	F1p = 0.006，F2p = 0.001

由于这7个英语特色音中，只有/ɜ/音与哈尔滨方言单元音/ɔr/相对应，其余6个特色音均无对应，所以马氏距离数值缺乏意义。从表可知，哈尔滨发音人/ɜ/的发音受方言影响较大，习惯用方言中的相似音来代替英语中单元音的发音。通过独立样本T检验可以发现，哈尔滨英语的/ʌ/和/ɛ/在舌位前后位置同标准美国英语无显著差异，/æ/音同标准美国英语/æ/音相比，在舌位高低位置无显著差异，在舌位前后位置略有差异，而/ɪ/、/ʊ/、/ɔ/音在舌位高低、前后同标准美国英语相比，均有显著差异，这说明哈尔滨英语学习者就三个特色音而言，习得较差，可能存在受到方言中相似的复合元音影响，或发展成为一种中介语。

五 大连地区英语学习者特色元音习得研究

大连方言、普通话与标准美国英语中存在/a/、/i/、/u/、/ɔ/、/ɛ/5个相似元音。与标准美国英语相比，大连方言中特有的单元音有/ɣ/、/y/、/ər/、/ʅ/、/ɿ/、/e/6个，标准美国英语中特有的单元音有/ʌ/、/ɪ/、/ʊ/、/æ/、/ɜ/5个。第三章已详细介绍了相似元音/a/、/i/、/u/的习得情况，接下来，将对剩余两个相似元音/ɔ/、/ɛ/和5个特色英语单元音进行详细说明。

从表4—4可知，大连英语学习者在产出英语单元音时与标准美国英语存在着显著差异。大连英语学习者在产出后元音/ʊ/时，舌位更高且更靠后，同央元音/ɜ/和后元音/ɔ/。在产出后元音/ʌ/时，发音人整体上舌位偏低，在发/æ/音时，舌位呈现偏高的趋势，在发/ɛ/音时，舌位呈现靠后的趋势，发前元音/ɪ/时，大连发音人同标准美国英语差异甚大，舌位更高且靠前。

表4—4　大连发音人相似元音/ɛ/，/ɔ/的英语—标准美国英语、英语—方言的 MD、独立样本 T 检验值

元音	比较对象	MD	独立样本 T 检验
ɛ	大连英语—标准美国英语 ɛ	1.9887	F1p＝0.234，F2p＝0.000
ɛ	大连英语—大连方言 ɛ	2.3943	F1p＝0.000，F2p＝0.004
ɔ	大连英语—标准美国英语 ɔ	2.6127	F1p＝0.000，F2p＝0.079
ɔ	大连英语—大连方言 ɔ	3.1612	F1p＝0.000，F2p＝0.038

从表4—4来看，大连英语发音人在产出/ɛ/、/ɔ/时，同标准美国英语的马氏距离较近，说明受到方言中相似音的影响较小；从独立样本 T 检验的结果而言，大连发音人的/ɛ/音在舌位前后同标准美国英语有显著差异，而/ɔ/音则是在舌位高低位置存在显著差异，可能处于习得的过渡阶段。

表4—5 大连发音人特色元音的英语—标准美国英语、英语—方言、
英语—普通话的 MD、独立样本 T 检验值

元音	比较对象	MD	独立样本 T 检验
ɜ	大连英语—标准美国英语 ɜ	4.0705	F1p=0.000，F2p=0.000
	大连英语—大连方言 ər	2.9237	F1p=0.198，F2p=0.000
	大连英语—大连普通话 ər	3.6825	F1p=0.007，F2p=0.000
ʌ	大连英语—标准美国英语 ʌ	/	F1p=0.002，F2p=0.080
ɪ	大连英语—标准美国英语 ɪ	/	F1p=0.000，F2p=0.000
ʊ	大连英语—标准美国英语 ʊ	/	F1p=0.000，F2p=0.000
æ	大连英语—标准美国英语 æ	/	F1p=0.000，F2p=0.034

同哈尔滨一样，马氏距离和独立样本 T 检验的数值可以说明大连发音人的/ɜ/音可能与方言中的/ər/相似，/ʌ/在舌位前后位置同标准美国英语无显著差异，而/ɪ/、/ʊ/、/æ/音在舌位高低、前后同标准美国英语相比，均有显著差异，这说明哈尔滨英语学习者就三个特色音而言，习得较差。

六 西安地区英语学习者特色元音习得研究

（一）相似元音

西安英语学习者/ɑ/，/i/，/u/三音的习得情况如第三章所述，/i/习得最为理想，/ɑ/的产出其舌位高低与标准美国英语极为相近，但舌位前后却受普通话/a/影响较大而与标准美国英语有显著差异；/u/的产出在舌位高低上与标准美国英语极为相近，但舌位前后受普通话/u/影响与标准美国英语有显著差异。

西安方言调查表中，西安方言有/æ/音，但《西安方言词典》（李荣、王军虎1996）音系说明中为/ɛ/（/e/）。本研究马氏距离结果显示，西安方言英语/e/离方言/æ/更近（与元音舌位图相符），因此断定所用语料中西安方言该音为/e/，而非/æ/。

(二) 特色元音

西安英语学习者英语/ʌ/、/ɪ/、/ʊ/三音的习得情况如第三章中所述，与标准美国英语存在差异。与标准美国英语相比，西安英语短音/ʌ/，/ɪ/，/ʊ/习得均不理想，与标准美国英语差异性显著（F1 p<0.05，F2 p<0.05）。西安发音人在舌位高低、前后上均能区分 ɑ/ʌ，i/ɪ，u/ʊ（F1 p<0.05，F2 p<0.05）。与标准美国英语相比，西安英语/æ/音舌位高低习得理想（F1 p>0.05，F2 p<0.05），舌位前后受方言/ɛ/影响靠前（F1 p<0.05，F2 p>0.05）。西安英语/e/音舌位高低习得理想（F1 p>0.05，F2 p<0.05），舌位前后受方言/ɛ/影响靠后（F1 p<0.05，F2 p>0.05）且更靠近标准美国英语。且西安英语在舌位高低上区分 æ/ɛ，但在舌位前后上不能区分（F1 p<0.05，F2 p>0.05）。

与标准美国英语相比，西安英语/ɜ/音舌位高低习得理想（F1p>0.05，F2p<0.05），舌位前后习得不理想且靠后，但未明显受方言、普通话影响（F1p<0.05，F2p<0.05）。从马氏距离结果来看，西安英语/ɜ/音到标准美国英语/ɜ/最近，其次是到方言/ər/。

与标准美国英语相比，西安英语/ɔ/习得不理想（F1 p<0.05，F2 p<0.05），马氏距离结果显示其与标准美国英语距离更远（mahal=8.0322），与元音舌位图结果一致。

表4—6　西安发音人英语—标准美国英语、英语—方言、英语—普通话的马氏距离值及独立样本 T 检验结果

元音	比较对象	MD	独立样本 T 检验
ʌ	西安英语—标准美国英语	3.6087	F1 p<0.05，F2 p<0.05
ɪ	西安英语—标准美国英语	6.9851	F1 p<0.05，F2 p<0.05
ʊ	西安英语—标准美国英语	4.1254	F1p<0.05，F2p<0.05

续表

元音	比较对象	MD	独立样本T检验
ɜ	西安英语—标准美国英语	2.7784	F1p>0.05，F2p<0.05
	西安英语—方言	3.351	F1p<0.05，F2p<0.05
	西安英语—普通话	6.7329	F1p<0.05，F2p<0.05
ɔ	西安英语—标准美国英语	8.0322	F1p<0.05，F2p<0.05
æ	西安英语—标准美国英语	3.4445	F1p>0.05，F2p<0.05
	西安英语—方言（假设方言中有/æ/）	4.1461	F1 p<0.05，F2 p>0.05
ɛ	西安英语—标准美国英语	2.3131	F1p<0.05，F2p<0.05
	西安英语—方言（假设方言中有/ɛ/）	3.287	F1p<0.05，F2p<0.05

七 镇江地区英语学习者特色元音习得研究

（一）相似元音

镇江英语学习者/ɑ/，/i/，/u/三音的习得情况如第三章所述，镇江英语/i/习得最理想，元音图上和标准美国英语/i/靠近；镇江英语/ɑ/舌位高低习得理想，舌位前后习得不理想且靠前；镇江英语/u/舌位前后习得理想，舌位高低习得不理想且靠上。与标准美国英语相比，镇江英语/ɔ/音舌位前后习得理想（F1 p<0.05，F2 p>0.05），舌位高低习得受方言影响靠下（F1 p>0.05，F2 p<0.05），且镇江英语/ɔ/和方言/ɔ/更相似（mahal=1.9763）。镇江英语/ɛ/音习得不理想（F1 p<0.05，F2 p<0.05），舌位靠前、靠上，通过独立样本T检验可知其与方言/ɛ/有显著差异，因此并未受方言影响。

（二）特色元音

与标准美国英语相比，镇江英语短音/ʌ/舌位高低、前后习得均不理想（F1 p<0.05，F2 p<0.05），舌位靠前、靠下，镇江英语发音人通过舌位高低、前后来区分/ʌ/、/ɑ/。与标准美国英语相比，镇江英语短音/ɪ/舌位高低、前后习得均不理想（F1 p<0.05，F2 p<0.05），舌位靠前、靠上，镇江英语发音人通过舌位高低来

区分长短 i/ɪ。镇江英语短音/ʊ/舌位前后习得理想（F1 p<0.05，F2 p>0.05），舌位高低受方言影响靠上，镇江英语发音人通过舌位高低来区分长短 u/ʊ。

与标准美国英语相比，镇江英语/ɜ/音舌位习得理想（F1 p>0.05，F2 p>0.05），未受普通话/ɜ/影响（F1 p<0.05，F2 p<0.05）。与标准美国英语相比，镇江英语/æ/习得不理想（F1 p<0.05，F2 p<0.05），舌位靠前、靠上；且镇江发音人英语中在舌位高低、前后上区分 æ/ɛ/（F1 p<0.05，F2 p<0.05）。

表4—7　　　镇江发音人英语—标准美国英语、英语—方言、
英语—普通话的马氏距离值及独立样本 T 检验结果

元音	比较对象	MD	独立样本 T 检验
ʌ	镇江英语—标准美国英语	5.4017	F1 p<0.05，F2 p<0.05
ɪ	镇江英语—标准美国英语	9.023	F1 p<0.05，F2 p<0.05
ʊ	镇江英语—标准美国英语	3.4663	F1p<0.05，F2p>0.05
ɜ	镇江英语—标准美国英语	2.094	F1p>0.05，F2p>0.05
ɜ	镇江英语—方言ɔ	9.9448	F1p<0.05，F2p<0.05
ɜ	镇江英语—普通话	11.7295	F1p<0.05，F2p<0.05
ɔ	镇江英语—标准美国英语	3.0454	F1p<0.05，F2p>0.05
ɔ	镇江英语—方言	1.9763	F1p>0.05，F2p<0.05
æ	镇江英语—标准美国英语	2.8879	F1p<0.05，F2p<0.05
ɛ	镇江英语—标准美国英语	2.7934	F1p<0.05，F2p<0.05
ɛ	镇江英语—方言	2.4737	F1p<0.05，F2p<0.05

第二节　吴语区英语学习者特色元音习得研究

从第三章音系对比可知，与标准美国英语相比，宁波方言中特

有的单元音有/y/、/ʏ/、/e/、/ø/、/œy/、/o/、/ɤ/、/ɥ/ 8 个，美语中特有的单元音有/ʌ/、/ɪ/、/ʊ/、/æ/、/ɜ/ 5 个。结合图 4—6，本小节从语音学习模型理论出发，对吴语区英语学习者特色音的习得做进一步研究。

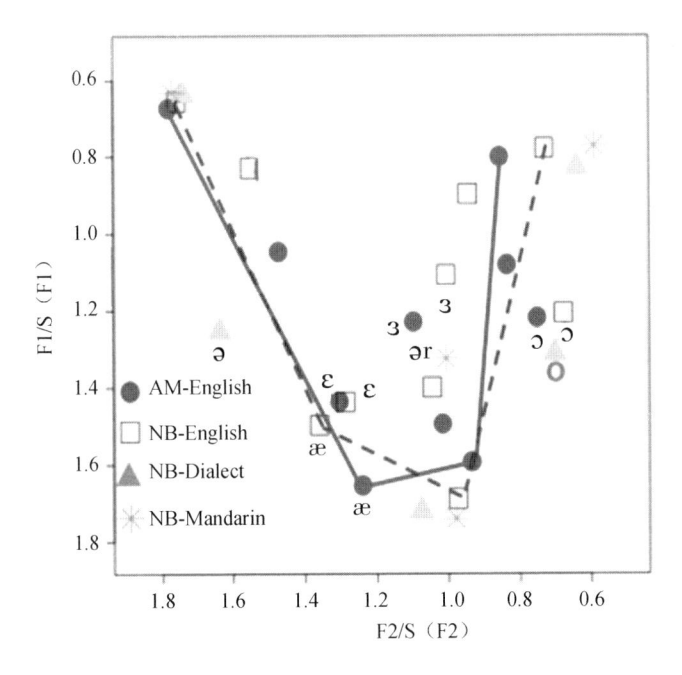

图 4—6 标准美国英语和宁波方言英语学习者英语和方言声学元音

宁波英语学习者所发/ɛ/音较之标准美国英语舌位稍靠后，但独立样本 T 检验显示与本族语者无显著差异（F1 p = 0.343 F2 p = 0.437）。与宁波话里的/ə/相比，舌位更靠后，独立样本 T 检验显示在舌位前后高低上均有显著差异（p = 0.000）。因此，方言中同样存在的语音范畴并不会促进英语学习者的元音习得。/æ/与标准美国英语相比在 F1（p = 0.000），F2（p = 0.000）上均有显著差异，舌位更高更前。但宁波方言或普通话里没有相似语音，因此未受到一语或二语的影响。宁波人产出的/ɛ/和/æ/在 F1 上无显著差异（p=0.104），在 F2 上有显著差异（p=0.001），即宁波英语学习者通过舌位前后来区别/ɛ/和/æ/。

与标准美国英语相比，央元音/ɜ/舌位偏高偏后，独立样本 T 检验显示/ɜ/与本族语者在舌位高低前后上均有显著差异（F1 p=0.001，F2 p=0.004），与宁波普通话里最为接近的语音/ər/相比，在 F1（p=0.000）上有显著差异，F2（p=0.977）上无显著差异。马氏距离显示宁波人发的/ə/与标准美国英语更接近，受方言和普通话影响较小。

独立样本 T 检验显示后元音/ɔ/与标准美国英语相比在 F1（p=0.626）上无显著差异，在 F2（p=0.000）上有显著差异，舌位更靠后。与宁波方言相比，在 F1（p=0.000），F2（p=0.032）上均有显著差异。与宁波普通话里最为接近的语音/o/相比，在 F1（p=0.000），F2（p=0.000）上均有显著差异。马氏距离显示与标准美国英语/ɔ/更接近。因此尽管宁波人/ɔ/发不标准，但受方言与普通话影响小，与标准美国英语距离较近。

第三节　晋语区英语学习者特色元音习得研究

就单元音而言，太原方言、普通话与标准美国英语音标中存在/a/（/ɑ/）、/i/、/u/3 个相似元音。与标准美国英语音标相比，太原方言中特有的单元音有/y/、/ər/、/ɣ/、/ɿ/4 个；而相对于太原方言来说，标准美国英语音标中特有的单元音有/ʌ/、/ɪ/、/ʊ/、/ɛ/、/æ/、/ɔ/、/ɜ/7 个。在本小节，我们对学习者英语特色元音的习得情况做进一步讨论。

太原方言英语学习者产出的/ɔ/、/ɛ/两个特色元音与英语本族语者的发音舌位相近，且太原方言英语学习者产出的/ɔ/、/ɛ/与英语本族语者产出的标准/ɔ/、/ɛ/独立样本 T 检验结果均为 pF1 >

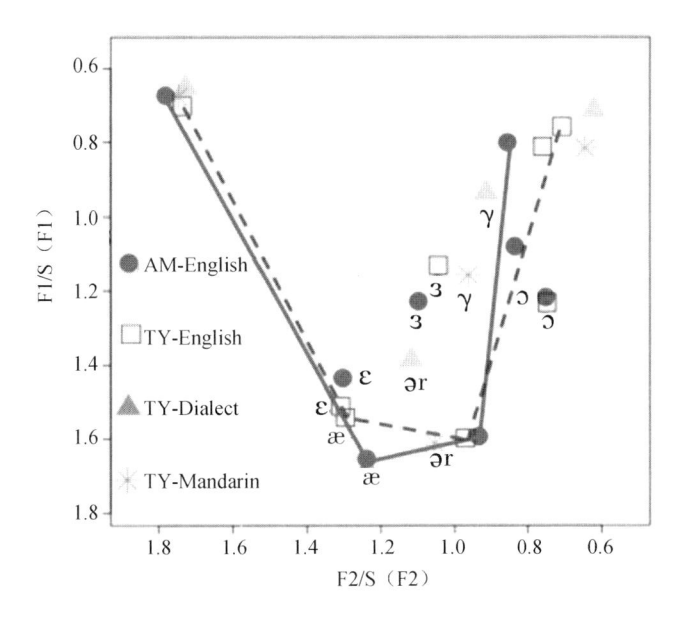

图4—7 标准美国英语和太原方言英语学习者英语和方言声学元音

0.05，pF1＞0.05，说明太原方言英语学习者/ɔ/、/ɛ/的发音与标准美国英语无明显差异，习得良好。

太原方言英语学习者/æ/的第一共振峰 F1 频率值低于本族语者，第二共振峰 F2 频率值高于本族语者，因此可知太原方言英语学习者/æ/发音比英语本族语者/æ/发音舌位偏高靠前。

通过对太原方言英语学习者发的/æ/和/ɛ/进行独立样本 T 检验，得出二者的发音舌位相似（pF1＞0.05，pF2＞0.05），说明太原方言英语学习者不区分 æ/、/ɛ/。

由于/ɛ/习得良好，/æ/发音较差，且太原方言英语学习者不区分/æ/、/ɛ/，因而可推断太原英语/æ/的发音是受到了太原英语/ɛ/的影响。

太原方言英语学习者/ɜ/的第一共振峰 F1 频率值低于本族语者，第二共振峰 F2 频率值低于本族语者，因此可知太原方言英语学习者/ɜ/的发音舌位比标准美国英语/ɜ/的发音舌位偏高靠后。

方言、普通话中与/ɜ/发音相近的有/ər/、/ɣ/，表4—8为各自的马氏距离，由马氏距离结果可知方言/ər/与太原英语/ɜ/距离最小，方言/ɣ/与太原英语/ɜ/其次。

表4—8　　　　　　　　　　马氏距离结果

太原英语 ɜ—方　言 ər	3.2515
太原英语 ɜ—普通话 ər	6.2399
太原英语 ɜ—方　言 ɣ	3.7316
太原英语 ɜ—普通话 ɣ	7.7390

结合图4—7发现，太原英语/ɜ/位于标准美国英语/ɜ/与方言/ɣ/的中间，考虑到方向性，最终推断太原英语/ɜ/的发音是受到了方言/ɣ/的影响。

第四节　湘语区英语学习者特色元音习得研究

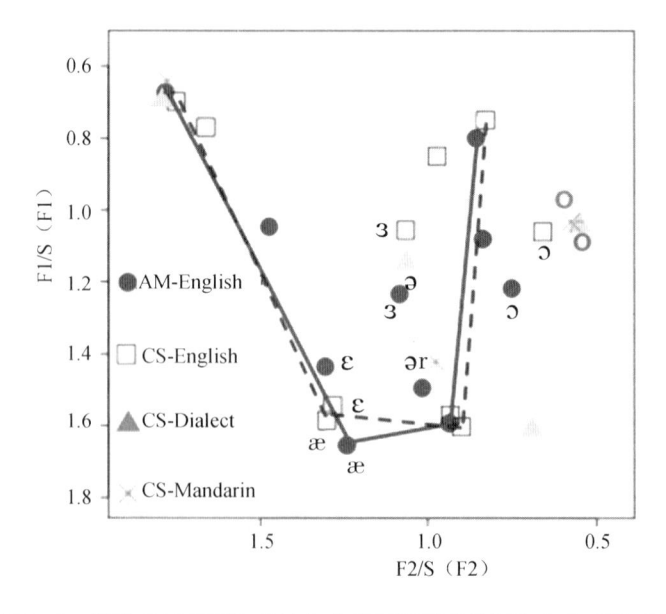

图4—8　标准美国英语和长沙方言英语学习者英语和方言声学元音

/æ/与标准美国英语相比在 F1（p=0.002），F2（p=0.001）上均有显著差异，舌位更高更前。/ɛ/与标准美国英语相比在 F1（p=0.002）上有显著差异，在 F2（p=0.259）上无显著差异，舌位更高。长沙英语学习者产出的/ɛ/和/æ/在 F1 和 F2 上均无显著差异（p=0.000），即长沙英语学习者无法区别/ɛ/和/æ/。

/ɜ/与标准美国英语相比在 F1（p=0.000）上有显著差异，在 F2（p=0.085）上无显著差异，舌位更高。与长沙方言相比，在 F1（p=0.004）是有显著差异，F2（p=0.907）上无差异。与长沙普通话里最为接近的语音/ər/相比，在 F1（p=0.000），F2（p=0.004）上均有显著差异。马氏距离显示长沙人发的/ɛ/更接近方言里的/ə/，受长沙方言影响较大。

/ɔ/与标准美国英语相比在 F1（p=0.000），F2（p=0.000）上均有显著差异，舌位更高更后。与长沙方言里最为接近的语音/o/相比，在 F1（p=0.369）上无显著差异，在 F2（p=0.000）上有显著差异，舌位更靠前。与长沙普通话里最为接近的语音/o/相比，在 F1（p=0.311）上无显著差异，在 F2（p=0.000）上有显著差异。马氏距离显示与标准美国英语/ɔ/更接近。因此尽管长沙人/ɔ/发不标准，但受方言与普通话影响小，与标准美国英语距离较近。与标准美国英语相比，在 F1（p=0.813），F2（p=0.065）上均无显著差异，习得较好。

第五节 闽语区英语学习者特色元音习得研究

根据第三章音系对比可知，除去顶点元音/i/、/u/、/ɑ/，松紧元音/i/和/ɪ/以及/u/和/ʊ/两对，英语中区别于方言和普通话的元音为/ʌ/、/ɛ/、/æ/、/ɜ/、/ɔ/，其中福州方言和英语共有两个元音，分别是：/ɛ/和/ɔ/，福州方言和普通话中均不存在的元音为：/ʌ/、/æ/和/ɜ/。表4—9 为单因素方差分析和马氏距离结果。

表4—9　　　　　　　　独立样本 T 检验以及马氏距离

元音	比较对象	F1	F2	MD
ɛ	FZE-AME	0.946	0.007	1.5533
	FZE-FZD	0.000	0.000	9.9856
ɔ	FZE-AME	0.059	0.000	3.0706
	FZE-FZD	0.055	0.390	2.937
ʌ	FZE-AME	0.000	0.721	/
æ	FZE-AME	0.000	0.000	/
ɜ	FZE-AME	0.002	0.000	9.6192
	FZE-FZM	0.000	0.000	3.1291

通过独立样本 T 检验，可以发现学习者英语元音/ɛ/的发音与方言发音无论舌位高低还是前后均存在显著差异：F1（p=0.000），F2（p=0.000），说明未明显受到方言影响；另外，我们发现学习者/ɛ/发音与标准美国英语 F1（p=0.946）无显著差异，F2（p=0.007）有显著差异，因此学习者可能在习得时产生了既不同于方言，又区别于标准美国英语的中介语，且与标准美国英语更接近（与标准美国英语马氏距离 MD=1.5533<9.9856）。

另一个相似元音为/ɔ/，通过独立样本 T 检验，与标准美国英语相比，福州学习者/ɔ/的发音在 F1（p=0.059）上无显著差异，舌位高低习得较好，F2 与标准美国英语有显著差异：F2（p=0.000），与方言相比，F2（p=0.390）说明舌位前后受到方言影响。马氏距离的结果与统计结果一致，学习者英语/ɔ/的发音与方言更接近（MD=2.937<3.0706）。

与标准美国英语相比，福州学习者/ʌ/在 F1（p=0.000）上存在显著差异，舌位高低习得不理想 F2（p=0.721），舌位前后习得较好。

与标准美国英语相比,福州学习者/æ/无论舌位高低还是前后都存在显著差异:F1（p=0.000）,F2（p=0.000）,习得不理想。因其与/ɛ/在听感上类似,我们对福州人英语/ɛ/和/æ/的发音做了独立样本 T 检验,结果发现二者无论舌位高低还是前后均无显著差异:F1（p=0.589）,F2（p=0.264）,福州方言中有元音/ɛ/而没有/æ/,因此可以说明福州学习者在学习英语元音/æ/的时候用方言中的/ɛ/去替代,未将二者区分。

与标准美国英语相比,福州学习者/ɜ/无论舌位高低还是前后都存在显著差异:F1（p=0.002）,F2（p=0.000）,习得较差。因为标准美国英语元音/ɜ/与普通话的/ər/在听感上相似,我们在此做了一个比较,发现福州学习者英语元音/ɜ/和普通话/ər/的发音无论舌位高低还是前后都存在显著差异:F1（p=0.000）,F2（p=0.000）,说明福州人在发英语/ɜ/时未明显受到普通话 ər/的影响,而且其与标准美国英语的马氏距离比与普通话的距离更小（MD=3.1291<9.6192）。

第六节　总结

第三章主要考察了不同方言区英语学习者的整体习得趋势和顶点元音的习得状况。在此基础上,本章将重心放在学习者方言音系中不具有的,但标准美国英语音系中特有的特色元音的习得上。

由于母语音系的差异以及不同程度的普通话的迁移作用,不同方言区学习者的特色元音习得情况各有特点;而且,值得注意的是,即使同一方言区的不同方言点也呈现出不同的习得趋势,而不同方言区的英语学习者,在部分特色元音的习得上反而会呈现相似的趋势。例如,官话区的北京英语学习者、吴语区的宁波英语学习者、晋语区的太原英语学习者产出的/ɔ/、/ɜ/元音与英语母语者均无明显差异，受方言、普通话的影响小，习得效果理想，但他们对/æ/、/ɛ/两个音的区分度较差。其中北京英语学习者、宁波英语学习者均通过舌位前后来区别/ɛ/和/æ/。此外，湘语区的长沙方言英语学习者较好地习得了/ɔ/，但是无法区分/ɛ/和/æ/，同时他们发的/ɛ/更接近方言里的/ə/，受长沙方言影响较大。镇江英语学习者对短音/ɜ/的习得理想，而对特色音/ʌ/、/æ/的习得较差。济南英语学习者对/æ/、/ɛ/两音的区分度较低。

而官话区其他方言点的英语学习者并未呈现类似的趋势：天津英语学习者习得特色元音时，存在舌位普遍偏后的问题；济南英语学习者在发音时习惯用方言中/a/的发音来代替英语元音/ʌ/；哈尔滨英语学习者习得/ɪ/、/ʊ/、/ɔ/三个特色音的情况较差，可能是受到方言中相似的复合元音的影响，或发展成了一种中介语；大连英语学习者产出特色音/ɪ/、/ʊ/、/æ/音时，其舌位高低、前后同英语母语者相比，均有显著差异，习得效果较差；西安英语学习者/ɪ/、/ʊ/、/ʌ/三个短音的习得效果不理想。

第 五 章

总结和展望

第一节 研究总结

随着经济全球化的发展，世界各地的联系越来越紧密，持不同语言的人们之间的交流也越来越频繁，促使越来越多的人在掌握母语之外，了解并学习了一种或多种新的语言。但不可避免地是，多数人并不能完全掌握目的语的语音系统，并达到目的语母语者的水平，在发音时总是会或多或少地带有母语口音，让人听起来觉得不地道。对于中国方言区学生而言，英语是他们在学校学习到的除母语方言、普通话之外的第三语言，同样在发音上存在一定的问题，对英语语音系统的习得效果并不十分理想。在这一大的背景下，国内外研究者从不同角度考察了英语语音习得中的具体问题。

本书首先回顾了跨语言元音习得、方言区英语学习者元音习得以及三语语音习得三方面的研究，发现在跨语言元音习得的研究中，前人取得了一定的共识，即学习者的语言经验和年龄是影响二语习得的重要因素。同时，跨语言学习者的元音产出与感知也受到了研究者的广泛关注。他们以不同母语背景的学习者为研究对象，考察了学习者产出与感知目的语元音的情况，其中母语背景包括库尔德语、波斯语、葡萄牙语、西班牙语、印度语、日语、英语等众多语言，目的语的种类也并不仅限于英语，包括荷兰语、法语等其他语言。在国内的方言区学习者元音习得研究中，由于中国方言种类众多，不同方言区学习者因受其母语方言的影响，在英语习得过程中会有其自身的特点，所以研究者更多关注于考察具体某个方言区的学习者，他们的方言对英语习得的影响，尤其是语音习得产生的影响，并且取得了丰硕的成果。这些研究多是将学习者的方言作为其母语，英语作为第二语言来研究的。但是，随着多语学习者的不断增加与二语习得研究的不断深入、发展，三语习得在国际研究中也越来越受到研究者的关注，他们提出了研究三语语音习得的必要性，并从三语的角度出发，考察了学习者的母语、二语对其习得第三语言的共同影响。在此背景下，国内研究者也对第三语言的语音习得情况进行了一系列研究，主要针对的是少数民族学习者在掌握母语、汉语之后，习得英语的情况，但国内针对第三语言语音习得的研究仍处在起步阶段，有待进一步的丰富与发展。

通过对前人成果的回顾，我们发现有关中国方言区英语学习者的语音习得研究在取得长足进步的同时，其整体性和系统性仍有待进一步的加强，需要开展相关的扩展性研究。主要表现为：已有的研究中，研究对象的选取缺乏系统性。一方面，研究者多是依据行政区的划分标准来选择研究对象，如东北方言、山东方言、湖北方言、河南方言、宁波方言、包头方言等。这些选择范围有的过大，不利于发现各方言区内部不同学习者的特性，有的过小，又可能缺乏代表性；另一方面，在不同研究中，选取的研究对象包括了一至五岁的儿童、初中生、非英语专业的大学生等，研究对象的英语水平各不相同，这不利于各研究之间的横向比较，使现有研究结果系统性欠佳。

在研究内容方面，我们之前提到，国内从三语角度开展语音习得研究的主要是针对少数民族学习者，少部分是对双语学习者的研究。同时，对于方言区学习者来说，现有研究仍是从第二语言习得的角度出发，多关注学习者母语方言对其英语习得的影响，但随着普通话的持续普及与推广，学习者往往是在掌握了母语方言与普通话的双重语音系统的基础上来学习英语，英语作为第三语言，学习者在习得英语语音过程中，必然会受到其母语方言与方言普通话这二者的共同影响，产生迁移作用。这一点是现有研究未能充分考察的内容。

在研究方法上，现有研究多采用音系对比、语音测试与问卷调查、语言教学等较多依靠研究者主观判断的方法展开，基于大规模语料库，运用声学实验手段这一科学的研究方法来具体考察学习者语音偏误问题的研究较少，使研究结果仍有待通过大规模统计数据来验证与支持，难以为学习者改正偏误提供兼具针对性与可操作性、行之有效的方法与建议。

针对现有研究存在的问题，为了切实有效地发现中国不同方言区英语学习者发音的共性特征，以及同一方言区发音者的发音特性问题，深入考察学习者的母语方言与普通话的语音系统共同对其习得第三语言英语的语音系统产生的迁移影响，并且提出具有针对性的检测与矫正方法，进而提高现有英语语音教学的质量与效率。本研究构建了 AESOP-CASS 中国方言区英语学习者大型语音库，同时构建了适用于该语音库的音段（国际音标描写）和超音段（音系表征）特色标注系统。该语音库按照中国十大方言区（包括官话区、吴语区、晋语区、湘语区、平话区、徽语区、赣语区、闽语区、粤语区、客家话区）的划分标准，收录了各方言区内具有代表性的次方言区、方言点的英语学习者语料，包括学习者的方言语料、方言普通话语料与英语语料。其中，所有方言区的不同发音人所念的普通话语料、英语语料是相同的，英语语料包括单词、句子与篇章；而方言语料则根据不同方言的特点进行专门设计，方言不同，所用语料也不相同。各方言点的发音语料均包括单音节、双音节、三音节、短语以及句子。同时，本语音库选取的发音人超过1000人，男女比例均衡，均为在校大学生，每位发音人的录音时长为10个小时，总时长超过1万小时。本书基于该语音库，采用实验语音分析手段，初步考察了不同方言区英语学习者的元音偏误类型，并借助语言习得相关理论具体分析了学习者母语方言和方言普通话共同对英语元音习得产生的迁移作用。

第二章详细介绍了本书的研究方法。首先，我们初步选取了十大方言区中的五大方言区，包括官话区、吴语区、晋语区、湘语区、闽语区的语料为研究对象。其中，官话区选取了哈尔滨、大连、济南、北京、天津、西安、镇江7个城市分别作为东北官话、胶辽官话、冀鲁官话、北京官话、中原官话、江淮官话的代表方言点。吴语区、晋语区、湘语区、闽语区分别选取了宁波、太原、长沙、福州4个城市作为代表方言点。其次，依据中国方言区英语学习者特色标注系统，对这些方言点发音人的方言单字语料、普通话单字语料、英语单词语料分别进行标注。接着通过praat脚本提取每个单字、单词的元音稳定段的共振峰数据与时长。最后，运用SPSS，Excel等分析软件对数据进行统计分析，借助NORM对共振峰数据进行归一化处理并绘制声学元音图，进而考察不同方言点的英语学习者单元音的习得情况。本章中获得的大规模语音数据将为二语习得语音研究提供丰富的语音资源，并有助于充分探索语音习得偏误的本质，促进相关习得理论的发展。

第三章简要回顾了各方言的起源于发展，分别对比了方言音系、普通话音系与标准美国英语音系，主要考察了各方言点英语学习者习得标准美国英语单元音的总体情况，其中标准美国英语的音系系统参考了Wells（1996）的研究，单元音有/i/、/ɪ/、/ɛ/、/æ/、/ɜ/、/u/、/ʊ/、/ɔ/、/ʌ/、/ɑ/，共10个，还分别考察了学习者对顶点元音与松紧元音的习得情况。研究结果显示，就单元音的总体习得情况而言，官话区中，北京话母语者较好地习得了/i/、/ʌ/两个单元音，其余 8 个单元音习得不理想，学习者所发单元音较英语母语者舌位都偏高靠后；天津方言母语者较好地习得了/i/、/ɑ/2 个单元音，其余 8 个单元音习得较差；济南方言母语者产出英语单元音时舌位均较英语母语者偏高；大连方言母语者产出的单元音较母语者都呈现出舌位靠后的趋势；哈尔滨方言母语者在产出的单元音与英语母语者相比在舌位高低、前后方面均存在显著差异；西安方言母语者产出的前元音、央元音舌位较母语者靠后，后元音中除/u/外舌位均呈现靠前的趋势；镇江方言母语者产出的前元音（除/i/外）、后元音舌位较英语母语者均靠后，央元音舌位则呈偏低靠前的趋势。吴语区中，宁波方言母语者产出的单元音较英语母语者都偏高靠前，/ɑ/、/i/、/ɛ/3 个单元音习得良好，其余 7 个单元音习得不理想。晋语区中，太原方言母语者产出的前元音较英语母语者靠前，低元音偏低，后元音靠后，/ɑ/、/i/、/ɔ/、/ɛ/ 4 个单元音习得良好，其余 6 个单元音习得不理想。湘语区中，长沙方言母语者产出的单元音较英语母语者舌位都偏高靠前，/ɑ/、/i/2 个单元音习得良好，其余 8 个单元音习得不理想。闽语区中，福州方言母语者在产出前元音时，有舌位偏高、靠前的趋势，产出后元音时，舌位有靠后的趋势。福州学习者对英语/i/的习得效果最好，在舌位的高低、前后上均与美语母语者没有显著差异，产出的其余单元音或在舌位高低、或在舌位前后方面于母语者有显著差异，习得不理想。

第四章主要是对方言、方言普通话、标准美国英语的音系进行比较，分别考察了学习者对两个音系系统中都具有的相似单元音/i/、/u/、/ɑ/的习得情况，并且结合 Flege 的语音学习模型，进一步讨论了学习者方言音系中不具有的，而标准美国英语系统中特色元音的习得问题。

就相似单元音的习得情况而言，多数方言区英语学习者能较好地习得/i/、/ɑ/两个单元音，而就特色元音而言，因受母语方言和方言普通话的迁移作用，不同方言区学习者的习得情况各有特点。具体表现为：官话区中，北京英语学习者通过舌位前后来区别/ɛ/和/æ/，他们发的/ɜ/、/ɔ/受方言影响较小，较接近英语母语者的发音；天津英语学习者习得特色元音时，存在舌位普遍偏后的问题。这一方面是由于天津英语学习者对松紧元音的区分度较低，另一方面也是受到天津方言与普通话中相似音的影响；济南英语学习者对/æ/、/ɛ/两音的区分度较低，同时习惯用方言中/a/的发音来代替英语元音/ʌ/；哈尔滨英语学习者习得/ɪ/、/ʊ/、/ɔ/3个特色音的情况较差，可能是受到方言中相似的复合元音的影响，或发展成了一种中介语；大连英语学习者产出特色音/ɪ/、/ʊ/、/æ/音时，其舌位高低、前后同英语母语者相比，均有显著差异，习得效果较差；西安英语学习者/ʌ/，/ɪ/，/ʊ/3个短音的习得效果不理想；镇江英语学习者对短音/ɜ/的习得理想，而对特色音/ʌ/、/æ/的习得较差。吴语区，宁波英语学习者通过舌位前后来区别/ɛ/和/æ/，他们所发的/ɜ/、/ɔ/受方言与普通话影响较小，更接近英语母语者的发音。晋语区，太原英语学习者产出的ɔ/、/ɛ/2个音与英语母语者没有明显差异，习得效果理想。但他们对/æ/、/ɛ/2个音的区分度较差。湘语区，长沙方言英语学习者较好地习得了/ɔ/，但是无法区分/ɛ/和/æ/，同时他们发的/ɛ/更接近方言里的/ə/，受长沙方言影响较大。闽语区中，福州方言英语学习者对福州方言与普通话中均不存在的元音/ʌ/、/æ/和/ɜ/习得不理想，产出单元音/æ/时用/ɛ/去替代，未能有效地区分二者。

这些研究结果将有助于我们针对不同地区学习者的发音特点和偏误类型，提出有针对性的矫正方法与个性化的教学建议，改革现有的教学方法，提高口语教材的编写水平以及学习者的学习效率与质量，也将有助于进一步改进现有的口语能力测评与训练方案，对于建立更加完善的语言能力评估体系具有重要的理论指导意义，还可应用于语音识别与加工领域，为计算机辅助学习与测评系统的建立提供数据支持，增强语音识别的准确性。

第二节　研究展望

综上分析，本书弥补了现有研究中的不足之处，构建了国内首个大规模方言区英语学习者平行语音库，关注了方言区英语学习者的母语方言与方言普通话对其习得英语语音产生的综合影响，对不同方言区英语学习者习得单元音的情况进行了深入的分析与研究，发现了同一方言区学习者的共性特征。

然而，从研究范围上看，由于语音库的建设仍在进行中，各方言区的语料有待进一步丰富与完善，因此，在未来的研究中，我们将继续扩大研究范围，一方面增加平话区、徽语区、赣语区、粤语区、客家话区五大方言区的发音语料，以期更为全面地考察不同方言区学习者的英语习得情况；另一方面，将增加少数民族地区英语学习者的录音语料，以便进一步开展跨方言区、跨民族的语音习得的类型学比较，力求系统全面地揭示学习者英语语音偏误的外在表现形式与内在心理动因。

就研究视角而言，可预见在不久的将来，对二语语音产出的研究将不再局限于语音信号本身，而是更注重考虑二语语音与其他领域之间的关系，如感知、词汇访问、语言加工与认知等多个方面。虽然本书受篇幅所限，主要关注二语元音的产出，但在文献回顾等多个小节也涉及上述更普遍的问题。事实上，若想对学习者产出二语语音的过程有更透彻的理解，二语语音与其他领域之间的关系是不可回避的部分。因此，在未来的研究中，我们将进一步拓宽研究视角，考察二语语音习得与多个领域之间的交互关系。

在研究内容方面，除了单词的发音问题之外，中国英语学习者在英语语音习得中很大的一个难点即是对超音段的词重音、语调等韵律特征的掌握。如果学习者不能准确地习得目标语的韵律特征，严重的会影响交际双方之间的正常交流，无法实现交际意图。因而，我们将借助语音库中的句子语料与篇章语料，深入考察学习者对词与词之间的连读变调、句重音、语调等的声学表现，比较研究学习者方言、方言普通话的韵律特征对其习得英语韵律特征的共同作用。在对英语学习者音段、超音段的产出特征进行充分描述的基础上，我们将进一步探讨年龄、二语学习时间、使用程度、社会认同等多个因素对二语语音习得的影响，并丰富实验语料的语体。

此外，技术的进步和普及为二语语音的声学、生理研究创造了新条件。计算机技术和语音分析程序的进步促进了语音数据的收集和分析，而心理学与认知神经科学技术在语言学领域的普及使研究人员能以新方式研究语言，并观察以前无法直接观察到的现象。因此，在研究手段方面，我们还将借助脑电、眼动等技术进一步考察学习者产出与感知英语元音、词重音、句重音、语调等韵律特征时，母语方言与方言普通话的迁移作用，探索不同方言区学习者英语语音产出与感知之间的相互关系。

最后，我们希望在后续研究中将理论层面的研究成果应用于英语发音教学与评测。例如，为各方言区开展有针对性的口语教学改革以及口语评分体系提供依据，制定个性化和"因地而异"的教学策略。此外，可将研究获得的规律总结为可计算的形式，输入已有的英语口语评测和学习系统中，优化现有的评测系统的功能，或构建专门面向不同方言区英语学习者的在线发音学习系统。在收集发音运动数据的基础上，还可以开发可视化的三维发音训练模型，以针对不同方言区英语学习者进行评测矫正和个性化学习服务，提高各方言区英语教学质量。

参考文献

一 中文文献

鲍厚星、崔振华、沈若云、伍云姬:《长沙方言研究》,湖南教育出版社1999年版。

毕冉、陈桦:《中国英语学习者音调模式的纵深研究》,《外语与外语教学》2013年第1期。

曹艳春、徐世昌:《三语习得中的元音迁移研究——以［a］［i］［u］为例》,《语言与翻译》2014年第4期。

陈玢、滕欢欢、宋晨迪:《湖北方言对英语发音的影响》,《武汉工程大学学报》2010年第2期。

陈桦、王馨敏:《中国学生英语短语重音特点研究》,《外语与外语教学》2015年第3期。

陈桦、文秋芳、李爱军:《语音研究的新平台:中国英语学习者语音数据库》,《外语学刊》2010年第1期。

陈章太、李行建:《普通话基础方言基本词汇集 语音卷 上》,语文出版社1996年版。

戴黎刚:《闽语的历史层次及其演变》,中国社会科学出版社2012年版。

丁邦新:《从历史层次论吴闽关系》,《方言》2006年第1期。

杜忠昌:《福建方言与英语语音》,《福建外语》1988年第2期。

方淑珍：《英语和广州话语音比较分析》，《西方语文》1957年第2期。

高玉娟：《大连方言语音对英语语音习得的影响》，《辽宁师范大学学报》（社会科学版）2012年第6期。

葛丙辰：《谈谈河南地方音对学习英语的影响》，《郑州大学学报》（哲学社会科学版）1988年第2期。

郭雅斌：《Flege的语音学习模型综述》，《太原教育学院学报》2006年第S1期。

贺巍：《东北官话的分区（稿）》，《方言》1986年第3期。

黄伯荣、廖旭东：《现代汉语》第5版，高等教育出版社2016年版。

黄申、李宏言、王士进、徐波：《英语口语重复修正检错中语法网络和搜索过滤算法》，《清华大学学报》（自然科学版）2011年第9期。

贾媛、李爱军、郑秋豫：《中国方言区英语学习者语音库构建》，《中国语音学报》2013年第4期。

江苏语言资源资料汇编编委会：《江苏语言资源资料汇编·第十一册 镇江卷》，凤凰出版社2016年版。

姜玉宇：《基于语音库的英语学习者元音声学特征研究》，《北京第二外国语学院学报》2010年第4期。

乐眉云、凌德祥：《汉语各方言区学生英语发音常误分析——汉英语音对比系列研究（之三）》，《外语研究》1994年第3期。

李光泽、董燕萍：《语音意识训练对英语学习者词汇认读影响的实验研究》，《解放军外国语学院学报》2012年第1期。

李宏言、黄申、王士进、梁家恩、徐波：《基于GMM-UBM和GLDS-SVM的英文发音错误检测方法》，《自动化学报》2010年第2期。

李进：《新疆维吾尔族民考汉学生二语对三语的元音迁移研究》，硕士学位论文，新疆师范大学，2016年。

李荣：《官话方言的分区》，《方言》1985年第1期。

李荣：《汉语方言的分区》，《方言》1989年第4期。

李荣、冯爱珍：《福州方言词典》，江苏教育出版社1998年版。

李荣、钱曾怡：《济南方言词典》，江苏教育出版社1997年版。

李荣、王军虎：《西安方言词典》，江苏教育出版社1996年版。

李如龙、梁玉璋：《福州方言志》，海风出版社2001年版。

李世瑜、韩根东：《略论天津方言岛》，《天津师范大学学报》（社会科学版）1991年第2期。

梁玉璋：《福州方言》，《闽都文化研究》2006年第2期。

林焘：《普通话和北京话》，语文出版社2000年版。

林焘、王理嘉：《语音学教程》，北京大学出版社1992年版。

林焘、周一民、蔡文兰：《北京话音档（现代汉语方言音库）》，上海教育出版社1998年版。

刘世生：《英语语音教学浅探：汉语方音对英语语音的影响》，《山东外语教学》1990年第4期。

刘希瑞：《中国学生英语语音习得的多视角分析》，《河南工业大学学报》（社会科学版）2012年第3期。

罗立胜、张莱湘：《英语语音教学的回顾及对目前英语语音教学的几点建议》，《外语与外语教学》2002年第10期。

孟媛：《天津大学生的英语单元音发音特征个案研究》，硕士学位论文，延边大学，2009年。

宁波市社会科学界联合会编：《历史与人文，传承·创新·软实力》，宁波市社会科学界首届学术年会文集，宁波出版社2010年版。

欧亚丽、刘承宇：《语言距离对英语作为第三语言学习的蒙古族学生语音迁移的影响》,《西安外国语大学学报》2009 年第 4 期。

祁淑玲:《天津话研究述评》,《岭南师范学院学报》2015 年第 5 期。

钱曾怡:《〈济南方言词典〉引论》,《方言》1995 年第 4 期。

邱爱午:《山东方言在英语语音中的负迁移》,《中国校外教育》2007 年第 10 期。

沈明:《太原方言词典》,江苏教育出版社 1994 年版。

沈明:《晋语的分区(稿)》,《方言》2006 年第 4 期。

时秀娟:《现代汉语方言元音格局的类型分析》,《南开语言学刊》2007 年第 1 期。

苏友、彭侃、吴吉滢、杨祯一:《汉语方言对英语语音的迁移作用——基于对济南、成都和萍乡方言的研究和对比》,《赣南师范学院学报》2009 年第 5 期。

田超,武海燕:《包头方言在英语语音习得中的负迁移现象研究》,《内蒙古师大学报》(哲学社会科学汉文版) 2017 年第 2 期。

王立非、文秋芳:《"中国学生英语口笔语语料库"的建设与研究评述》,《外语界》2007 年第 1 期。

王立非、周丹丹:《我国英语口语研究 12 年:回顾与现状》,《外语界》2004 年第 6 期。

王玲:《赣方言对英语语音学习负迁移的实证研究》,《教育学术月刊》2013 年第 7 期。

王宇、徐亮、贾媛、李爱军:《基于英汉语音对比的单元音声学特征分析》,《宁波大学学报》(教育科学版) 2017 年第 1 期。

王志颖:《天津学生英语元音 [e]、[æ] 和 [ai] 发音错误的语音分析》,硕士学位论文,天津师范大学,2006 年。

韦雷:《浅谈英汉语音对比教学中的正负迁移作用》,《山东外语教学》1988 年第 1 期。

文秋芳：《英语学习成功者与不成功者在方法上的差异》，《外语教学与研究》1995年第3期。

文秋芳：《论英语学习方法系统的结构、特点与调控》，《外语研究》1996年第1期。

文秋芳：《认知比较分析假设》，《中国外语》2015年第1期。

文秋芳、胡健：《中国大学生英语口语能力发展的规律与特点》，外语教学与研究出版社2010年版。

翁美玲：《从语言迁移角度看方言对英语语音的习得的影响——以闽南方言为例》，《海外英语》2017年第13期。

吴琼琼、温小欧、胡瑜：《英语专业与非英语专业大学生英语阅读的眼动比较》，《科教导刊》2011年第3期。

吴宗济、曹剑芬：《实验语音学知识讲话（三）》，《中国语文》1979年第4期。

向然：《镇江方言语音研究》，硕士学位论文，南京大学，2011年。

熊正辉、张振兴：《汉语方言的分区》，《方言》2008年第2期。

熊子瑜：《语音库录制与切分工具 xSpeechTools.rar》，九州语言网，2016年。

许金龙：《镇江方言大全》，东南大学出版社2014年版。

杨伟钧：《"双音现象"与外语教学》，《外语教学》1986年第3期。

杨秀娟：《东北方言对于英语语音学习的负迁移影响及教学策略研究》，《内蒙古师范大学学报》（教育科学版）2014年第5期。

尹世超：《哈尔滨话音档（现代汉语方言音库）》，上海教育出版社1994年版。

余延琳：《绩溪、太原、福州方言元音实验研究》，硕士学位论文，南京师范大学，2011年。

俞理明：《语言迁移与二语习得——回顾反思和研究》，上海外语教育出版社2004年版。

翟红华、赵吉玲:《汉语方言对英语语音习得影响研究述评》,《外语界》2015年第1期。

查爱霞:《普通话和方言对英语语音的迁移作用》,《双语学习》2007年第5期。

张光宇:《论闽方言的形成》,《中国语文》1996年第1期。

张洁:《太原方音百年来的演变》,硕士学位论文,山西大学,2005年。

张树铮:《胶辽官话的分区(稿)》,《方言》2007年第4期。

赵晨、董燕萍:《中国英语学习者在句子语境中消解英语词汇歧义的认知模式》,《外语教学与研究》2009年第3期。

郑明中:《台湾四县客家话舌尖元音的世代差异及其音系学解释》,中国语音学学术会议,2010。

周振鹤、游汝杰:《方言与中国文化》,上海教育出版社1986年版。

中国社会科学院、澳大利亚人文科学院:《中国语言地图集》,香港朗文出版社1987年版。

中国社会科学院:《中国语言地图集》(第二版),商务印书馆2012年版。

朱晓农:《语音学》,商务印书馆2013年版。

朱彰年主编:《宁波方言词典》,汉语大词典出版社1996年版。

《镇江年鉴》,方志出版社2010年版。

二 英文文献

Amaro, J. C., and Rothman, J., "On L3 acquisition and phonological permeability: A new test case for debates on the mental representation of non-native phonological systems," *IRAL-International Review of Applied Linguistics in Language Teaching*, Vol. 48, No. 2–3, 2010, pp. 275–296.

Birdsong, D., "Ultimate attainment in second language acquisition," *Language*, Vol. 68, No. 4, 1992, pp. 706 – 755.

Best, C. T., "The emergence of native-language phonological influences in infants: A perceptual assimilation model," *Haskins Laboratories Status Report on Speech Research* 1994. pp. 1 – 30.

Best, C. T., Tyler, M. D., "Nonnative and second-language speech perception: Commonalities and complementarities," *Language experience in second language speech learning.* 2007 pp. 13 – 34.

Evans, B. G., Alshangiti, W., "The perception and production of British English vowels and consonants by Arabic learners of English," *Journal of Phonetics*, Vol. 68, 2018, pp. 15 – 31.

Burgos, P., Cucchiarini, C., Hout, R. V. and Strik, H., "Phonology acquisition in Spanish learners of Dutch: error patterns in pronunciation," *Language Sciences*, Vol. 41, No. 1, 2014, pp. 129 – 142.

Byers, E., Reduced vowel production in American English among Spanish-English bilinguals, Electronic Theses and Dissertations, Florida International University, Miami, Florida, United States of America, 2012.

Watson, C., Harrington, J, Evans Z, "An acoustic comparison between New Zealand and Australian English vowels," *Australian Journal of Linguistics*, Vol. 18, No. 2, 1998, pp. 185 – 207.

Cebrian, J., "Experience and the use of non-native duration in L2 vowel categorization," *Journal of Phonetics*, Vol. 34, No. 3, 2006, pp. 372 – 387.

Cenoz, J., Hufeisen, B. Jessner, U. (eds.). Cross-linguistic Influence in Third Language Acquisition: Psychological Perspectives. Clevedon, Avon: Multilingual Matters, 2001.

Darcy, I., Dekydtspotter, L., Sprouse, R. A., Glover, J., Kaden, C. and Mcguire, M., et al, "Direct Mapping of Acoustics to Phonology: On the Lexical Encoding of Front Rounded Vowels in L1 English – L2 French Acquisition," *Second Language Research*, Vol. 28, No. 1, 2012, pp. 5 – 40.

Davis, B. L. and Macneilage, P. F., "Acquisition of correct vowel production: a quantitative case study," *Journal of Speech & Hearing Research*, Vol. 33, No. 1, 1990, pp. 16.

Dechert, H., Raupack, M., "Transfer in language production," Norwood, NJ: Ablex. 1989.

Edwards, J. G., "Social factors and variation in production in L2 phonology," *Phonology and Second Language Acquisition*, 2008, pp. 251 – 282.

Ellis, H. C., "The transfer of learning," *The transfer of learning*. Macmillan, 1965, pp. 15845 – 15851.

Ellis, R., *Second Language Acquisition*. Oxford: Oxford University Press, 1997.

Ellis, R., "Second Language Acquisition," Shanghai: Shanghai Foreign Language Education Press, 2000.

Escudero P., Simon E. and Mitterer H, "The perception of English front vowels by North Holland and Flemish listeners: Acoustic similarity predicts and explains cross-linguistic and L2 perception," *Journal of Phonetics*, Vol. 40, No. 2, 2012, pp. 280 – 288.

Fabra, L. R. and Romero, J., "Native Catalan learners' perception and production of English vowels," *Journal of Phonetics*, Vol. 40, No. 3, 2012, pp. 491 – 508.

Feng, H., Zhao, L. and Dang, J., "An empirical study of phonetic transfer in English monophthong learning by Tibetan (Lhasa) speakers," Oriental Cocosda Held Jointly with 2015 Conference on Asian Spoken Language Research and Evaluation. IEEE, China: Shanghai, 2015. pp. 181 – 185.

Flege, J. E., Bohn, O. S. and Jang, Effects of experience on non-native speakers' production and perception of English vowels," *Journal of Phonetics*, Vol. 25, No. 4, 1997, pp. 437 – 470.

Flege, J. E., "English Vowel Production by Dutch Talkers: More Evidence for the 'Similar' vs 'New' Distinction," In James A. & Leather J (eds.) *Second Language Speech: Structure and Process*, Berlin: Walter de Gruyter & Co., 1996, pp. 11 – 52.

Flege, J. E., "Second language speech learning: Theory findings and problems," *Speech Perception & Linguistic Experience*, Baltimore: York Press, 1995, pp. 233 – 277.

Flege, J. E., "The production of 'new' and 'similar' phones in a foreign language: evidence for the effect of equivalence classification," *J Phonetics*, 1987, Vol. 15, No. 1, pp. 47 – 65.

Flege, J. E., Mackay, I. R. and Meador, D., "Native Italian speakers' perception and production of English vowels," *Journal of the Acoustical Society of America*, Vol. 106, No. 5, 1999, pp. 2973 – 2987.

Fouser, R. J., *Too close for comfort? Sociolinguistic transfer from Japanese into Korean as an L3*, 2001, 21 – 41.

Fox, R. A. and Jacewicz, E., "Cross-dialectal variation in formant dynamics of American English vowels," *Journal of the Acoustical Society of America*, Vol. 126, N0. 5, 2009, pp. 2603.

Frieda E M, Walley A. C., Flege J. E., et al, "Adults' perception and production of the English vowel/i/," *Journal of Speech Language &*

Hearing Research Jslhr, Vol. 43, No. 1, 2000, pp. 129.

Gass, S. and Selinker, L. (eds.) "Language transfer in language learning," Rowley, MA: Newbury House, 1983.

Gimson, A. C., *An Introduction to the Pronunciation of English*. London: Edward Arnold, 1980.

Granger, S., Dagneaux, E., Meunier, F., & Paquot, M. *The international corpus of learner english. version 2. handbook and cd-rom*. Leuven: Presses universitaires de Louvain, 2009.

Gut, U., "Cross-linguistic influence in L3 phonological acquisition," *International Journal of Multilingualism*, Vol. 7, No. 1, 2010, pp. 19 – 38.

Iverson, P. and Evans, B. G., "Learning English vowels with different first-language vowel systems: perception of formant targets, formant movement, and duration," *Journal of the Acoustical Society of America*, Vol. 122, No. 5, 2007, pp. 2842.

James, C., *Contrastive Analysis*. London: Longman, 1980.

Jarvis, S. and Pavlenko, A., *Crosslinguistic influence in language and cognition*. New York and London: Routledge, 2008.

Jia, Y., Wang, Y., Li, A., Song, D. and Xu, L., "Typology of Convergences and Divergences of English Monophthongs by EFL Learners from Guanhua Regions," *National Conference on Man-Machine Speech Communication*, Singapore: Springer, 2017, pp. 36 – 46.

Johnson, K., Flemming, E., and Wright, R., "The Hyperspace Effect: Phonetic Targets Are Hyperarticulated," *Language*, Vol. 69, No. 3, 1993, pp. 505 – 528.

Kamiyama T, "Acquisition of the production of 'new' and 'similar' vowels: the case of/u/and/y/in French by Japanese-speaking learners," *Acoustical Society of America Journal*, Vol. 123, No. 5, 2008, pp. 3741 – 3741.

Kartushina, N., Hervais-Adelman, A., Frauenfelder, U. H. and Golestani, N, "Mutual influences between native and non-native vowels in production: Evidence from short-term visual articulatory feedback training," *Journal of Phonetics*, Vol. 57, 2016, pp. 21 – 39.

Kellerman, E. "Towards a characterization of the strategy of transfer in second language learning," Interlanguage Studies Bulletin, Vol. 2, No. 1, pp. 58 – 145, 1997.

Kellerman, E., "New uses for old language: Cross-linguistic and cross-gestural influence in the narratives of non-native speakers," In Cenoz, J., Hefeisen, B. & Jessner, U. (eds.), 2001, pp. 149 – 170

Ko, E. S., "Acquisition of vowel duration in children speaking American English," INTERSPEECH 2007, Conference of the International Speech Communication Association, August DBLP, Belgium: Antwerp, 2007, pp. 1881 – 1884.

Ladefoged, P., Johnson K, *A Course in Phonetics* (*sixth edition*). Wadsworth: Cengage Learning, 2011, pp. 98 – 100.

Major, R. C. and Kim E., "The similarity differential rate hypothesis," *Language Learning*, Vol. 46, No. 3, 1996, pp. 465 – 496.

Lado Robert, *Linguistics across Cultures*. University of Michigan Press, 1957.

Lipińska, D., "Production of L3 Vowels: Is it Possible to Separate them from L1 and L2 Sounds?" *Research in Language*, Vol. 13, No. 1, 2015, pp. 77 – 92.

Mahalanobis, P C., "On the generalised distance in statistics," *Proceedings of the National Institute of Sciences of India*, Vol 2, No. 1,

1936: pp. 49-55.

Marx, N., and Mehlhorn, G., "Pushing the positive: encouraging phonological transfer from L2 to L3," *International Journal of Multilingualism*, Vol. 7, No. 1, 2010, pp. 4-18.

Mcallister, R, Flege, J. E., Piske T, "The Acquisition of Swedish Long vs. Short Vowel Contrasts by Native Speakers of English, Spanish and Estonian," 1999.

Mirzaei, K., Gowhary, H., Azizifar, A. and Esmaeili, Z., "Comparing the phonological performance of kurdish and persian efl learners in pronunciation of english vowels," *Procedia-Social and Behavioral Sciences*, Vol. 199, 2015, pp. 387-393.

Missaglia, F., "The acquisition of L3 English vowels by infant German-Italian bilinguals," *International Journal of Multilingualism*, Vol. 7, No. 1, 2010, pp. 58-74.

Mokari, P. G., Werner, S., "Perceptual assimilation predicts acquisition of foreign language sounds: The case of Azerbaijani learners' production and perception of Standard Southern British English vowels," *Lingua*, Vol. 185, 2017, pp. 81-95.

Munro, M. J, "Foreign accent and speech intelligibility," *Phonology and Second Language*, 2008, pp. 193-218.

Munro M J, "Productions of English vowels by native speakers of Arabic: acoustic measurements and accentedness ratings," *Language & Speech*, Vol. 36, No. 1, 2015, pp. 39-66.

Murphy, S., "Second language transfer during third language acquisition," *Teachers College, Columbia University Working Papers in TESOL & Applied Linguistics*, Vol. 3, No. 1, 2003, pp. 1-21.

Odlin, T, *Language transfer*. Cambridge: Cambrideg University Press,

1989.

Olagbaju, Y., Barkana, B. D., and Gupta, N., "English Vowel Production by Native Mandarin and Hindi Speakers," *International Conference on Information Technology: New Generations*. IEEE, 2010, pp. 343 – 347.

Osgood, C. E., *Projection dynamics in perception: perception of movement, method and theory in experimental psychology*, New York: Oxford University Press, 1953, pp. 243 – 248.

Otomo, K., Stoel-Gammon, C., "The acquisition of unrounded vowels in English," *Journal of Speech & Hearing Research*, Vol. 35, No. 3, 1992, pp. 604.

Piaget, J., "The construction of reality in the child," London: Routledge, 1999.

Pyun, K – S, "A model of interlanguage analysis: the case of Swedish by Korean speakers," In B. Hufeisen & R. Fouser (Eds.), *Introductory readings in L3*, 2005, pp. 55 – 70.

Rauber, A. S., Escudero, P., Bion, R. A. H. and Baptista, B. O., "The interrelation between the perception and production of English vowels by native speakers of Brazilian Portuguese," INTERSPEECH 2005 Eurospeech, European Conference on Speech Communication and Technology, September OAI, Portugal: Lisbon, 2005, pp. 2913 – 2916.

Richards, J. C. "Longman Dictionary of Language Teaching and Applied linguistics," Beijing: Foreign Language Teaching and Research Press, 2000.

Strange, W., Akahane-Yamada, R., Kubo, R., et al, "Perceptual assimilation of American English vowels by Japanese listeners," *Journal of Phonetics*, Vol. 26, No. 4, 1998, pp. 311 – 344.

Strange, W., Bohn, O. S., Nishi, K. and Trent, S. A, "Contextual variation in the acoustic and perceptual similarity of North German and American English vowels," *Journal of the Acoustical Society of America*, Vol. 118, No. 1, 2005, pp. 1751.

Strange, W., Weber, A., Levy, E. S., Shafiro, V., Hisagi, M. and Nishi, K, "Acoustic variability within and across German, French, and American English vowels: Phonetic context effects," *Journal of the Acoustical Society of America*, Vol. 122, No. 2, 2007, pp. 1111.

Scovel, T., "Psycholinguistics. Oxford Introductory to Language Study," New York: Oxford University Press, 1998.

Tsukada K., Birdsong D, Bialystok E, et al, "A developmental study of English vowel production and perception by native Korean adults and children," *Journal of Phonetics*, Vol. 33, No. 3, 2005, pp. 263–290.

Varol, M., "The influence of Turkish sound system on English pronunciation," *Dissertations & Theses-Gradworks*, 2012.

Wells, J. C., *Accents of English*. Cambridge: Cambridge University Press, 1996.

Wen, X., Jia, Y., "Joint Effect of Dialect and Mandarin on English Vowel Production: A Case Study in Changsha EFL Learners," INTERSPEECH, 2016, pp. 185–189.

Williams, M., Burden, R. L. "Psychology for language teachers: a social constructivist approach," Cambridge: Cambridge University Press, 1997.

Visceglia, T., Tseng, C. Y., Kondo, M., Meng, H., and Sagisaka, Y., "Phonetic aspects of content design in AESOP (Asian English Speech cOrpus Project)," *Proceedings of Oriental COCOS-*

DA. IEEE Press, 2009.

Vygotsky, L. S., "Mind in society," Cambridge MA.: Harvard University Press, 1978.

Zampini. M. L., "L2 speech production research—Findings, issues, and advances," *Phonology and Second Language Acquisition*, 2008, pp. 219–250.

Yin, C. Jia, Y., Zhai, H. H. "Acquistion of English Vowels by Learners from Various Regions of Shandong Dialect—A Case Study of Jinan, Zibo and Liaocheng," *Proceedings of Oriental COCOSDA. IEEE Press*, 2012.

Zhi, N., Li, A., and Jia, Y., "The role of L1 production compactness on the L2 production accuracy," In ICPhS, 2015.

附 录

表附—1　　　　　　　　北京方言词

a	i	u	o	ər	γ	ɿ	y	ʅ
嘎 ga1	希 xi1	姑 gu1	柏 Bo4	耳 er3	革 ge2	此 Ci3	居 jü1	诗 shi1
嗒 da1	鸡 ji1	嘟 du1	伯 Bo2	儿 er2	铬 ge4	思 si1	挓 lü1	史 shiii3
巴 ba1	嘀 di1	铺 pu1	簸 Bo3	二 er4	葛 ge3	疵 Ci1	趋 qu1	事 shiii4
喀 ka1	妻 qi1	窟 ku1	波 Bo1		歌 ge1	瓷 Ci2	嘘 xu1	食 shiii2
趴 pa1	逼 bi1	突 tu1				刺 Ci4	瘀 ü1	
他 ta1	踢 ti1	租 zu1				姿 zi1	鱼 ü2	
撒 sa1	批 pi1	苏 su1					雨 ü3	
擦 ca1		粗 cu1					玉 ü4	
匝 za1		书 shu1						
杀 sha1		猪 zhu1						

表附—2　　　　　　　　天津方言词

a	i	u	o	ər	γ	ɿ	y	ʅ
嘎 ga1	希 xi1	姑 gu1	柏 Bo4	耳 er3	革 ge2	此 Ci3	居 jü1	诗 shi1
嗒 da1	鸡 ji1	嘟 du1	伯 Bo2	儿 er2	铬 ge4	思 si1	挓 lü1	史 shiii3
巴 ba1	嘀 di1	铺 pu1	簸 Bo3	二 er4	葛 ge3	疵 Ci1	趋 qu1	事 shiii4
喀 ka1	妻 qi1	窟 ku1	波 Bo1		歌 ge1	瓷 Ci2	嘘 xu1	食 shiii2
趴 pa1	逼 bi1	突 tu1				刺 Ci4	瘀 ü1	
他 ta1	踢 ti1	租 zu1				姿 zi1	鱼 ü2	
撒 sa1	批 pi1	苏 su1					雨 ü3	
擦 ca1		粗 cu1					玉 ü4	
匝 za1		书 shu1						
杀 sha1		猪 zhu1						

表附—3 济南方言词

a	i	u	ɿ	ʅ	ə	ɛ	ɔ	y
大 da4	体 ti3	粗 cu1	字 zi4	诗 shi1	破 po4	别 bie2	到 dao4	吕 lv3
趴 pa1	急 ji2	图 tu2	似 si4	齿 chi3	婆 po2	白 bai2	高 gao1	居 ju1
拔 ba2	细 xi4	书 shu1	资 zi1	事 shi4	哥 ge1	百 bai3	草 cao3	须 xu1
怕 pa4	迷 mi2	读 du2	紫 zi3	失 shi1	科 ke1	派 pai4	遭 zao1	趣 qu4
拿 na2	力 li2	苏 su1	私 si1	使 shi3	可 ke3	埋 mai2	凿 zao2	女 nv3
沙 sha1	笔 bi3	俗 su2	子 zi3	知 zhi1	课 ke4	买 mai3	招 zhao1	曲 qu3
爬 pa2	希 xi1	嘟 du1		室 shi4	和 he2	太 tai4		绿 lv4
巴 ba1	鸡 ji1	猪 zhu1			波 bo1	在 zai4		雨 yu3
他 ta1	逼 bi1	忽 hu1			彻 che4	台 tai2		取 qu3
妈 ma1	踢 ti1	窟 ku1			客 ke4	街 jie1		需 xu1

表附—4 大连方言词

a	i	u	ɿ	ʅ	y	ɣ	ɚ	ɔ	ɛ	e
八 ba1	低 di1	都 du1	差 ci1	痴 chi1	巨 ju4	阿 e1	儿 er2	刀 dao1	哀 ai1	飞 fei1
巴 ba1	堤 di1	毒 du2	词 ci2	池 chi2	区 qu1	鹅 e2	而 er2	叨 dao1	挨 ai1	妃 fei1
拔 ba2	滴 di1	笃 du3	此 ci3	尺 chi3	屈 qu1	俄 e2	尔 er3	导 dao3	挨 ai2	肥 fei2
把 ba3	笛 di2	杜 du4	次 ci4	斥 chi4	渠 qu2	娥 e2	二 er4	到 dao4	皑 ai3	匪 fei3
爸 ba4	的 di4	孤 gu1	资 zi1	叱 chi4	娶 qu3	额 e1		悼 dao4	癌 ai2	肺 fei4
夺 da1	抵 di3	估 gu1	子 zi3	赤 chi4	趣 qu4	恶 e3		熬 ao1	矮 ai3	背 bei1
搭 da1	地 di4	牯 gu2	自 zi4	知 zhi1	淤 yu1	俄 e4		熬 ao2	爱 ai4	北 bei3
打 da2	逼 bi1	古 gu3	思 si1	直 zhi2	鱼 yu2	遏 e4		凹 ao1	掰 bai1	备 bei4
打 da3	鼻 bi2	固 gu4	死 si3	质 zhi4	宇 yu3	扼 e4		袄 ao3	白 bai2	美 mei3
大 da4	比 bi3	父 fu4	四 si4		玉 yu4	哥 ge1		傲 ao4	百 bai3	魅 mei4

表附—5 哈尔滨方言词

a	i	u	ɿ	ʅ	y	ɣ	ɚ
疤 ba1	逼 bi1	补 bu3	资 zi1	掷 zhi1	鞠 ju1	嘚 de1	儿 er2
拔 ba2	比 bi3	布 bu4	紫 zi3	直 zhi2	菊 ju2	德 de2	而 er2
靶 ba3	鄙 bi4	督 du1	自 zi4	职 zhi3	举 ju3	得 de3	贰 er4

续表

a	i	u	ʅ	ʅ	y	ɣ	ɚ
爸 ba4	低 di1	独 du2	呲 ci1	志 zhi4	矩 ju4	嘚 de4	
搭 da1	笛 di2	赌 du3	词 ci2	吃 chi1	区 qu1	哥 ge1	
达 da2	底 di3	杜 du4	此 ci3	池 chi2	去 qu4	格 ge2	
打 da3	弟 di4	姑 gu1	次 ci4	尺 chi3	愚 yu2	革 ge1	
大 da4	梯 ti1	辜 gu2	私 si1	持 chi4	芋 yu2	各 ge4	
嘎 ga1	体 ti3	古 gu3	死 si3	师 shi1	与 yu3	克 ke4	
嘎 ga2	剔 ti4	顾 gu4	四 si4	室 shi4	愉 yu2	咳 ke2	

表附—6　　　　西安方言词

a	i	u	y	ɣ	ɯ	ər	ʅ	ʅ	æ
巴 ba1	逼 bi1	不 bu4	女 nv3	遮 zhe1	疙 ge1	而 er2	资 zi1	知 zhi1	摆 bai3
拔 ba2	鼻 bi2	补 bu3	律 lv4	辙 zhe2	鸽 ge1	儿 er2	吱 zhi1	直 zhi2	拜 bai2
靶 ba3	比 bi3	布 bu4	驴 lv2	折 zhe2	圪 ge1	耳 er3	纸 zhi3	智 zhi4	排 pai2
罢 ba4	被 bei4	笃 du3	吕 lv3	这 zhe4	咳 ke2	二 er4	志 zhi4	吃 chi1	魄 po4
答 da1	低 di1	毒 du2	虑 lv4	车 che1	柯 ke1		雌 ci2	持 chi2	派 pai4
达 da2	敌 di2	赌 du3	掬 ju1	彻 che4	呵 he1		瓷 ci2	耻 chi3	衰 shuai1
打 da3	抵 di3	杜 du4	局 ju2	扯 che3	核 he2		此 ci3	失 shi1	甩 shuai3
大 da4	弟 di4	谷 gu3	举 ju3	设 she4	后 hou4		刺 ci4	拾 shi2	帅 shuai4
嘎 ga1	踢 ti1	古 gu3	据 ju4	折 zhe2			思 si1	世 shi4	逮 dai3
尕 ga3	提 ti2	顾 gu4	曲 qu3	舍 she3			时 shi2	肏 cao4	呆 dai1
									歹 dai3

表附—7　　　　镇江方言词

i	u	a	ʅ	y	ɛ	ɔ	o	ɿ	ə
屄 bi1	补 bu3	巴 ba1	知 zhi1	徐 xu2	摆 bai3	包 bao1	玻 bo1	杯 bei1	否 fou3
比 bi3	部 bu4	把 ba3	紫 zi3	取 qu3	拜 bai4	宝 bao3	跛 bo3	彼 bi3	兜 dou1
闭 bi4	都 du1	霸 ba4	自 zi4	去 qu4	排 pai2	抱 bao4	簸 bo4	贝 bei4	陡 dou3
低 di1	嘟 du1	趴 pa1	雌 ci2	虚 xu1	派 pai4	抛 pao1	坡 po1	胚 pei1	豆 dou4
底 di3	赌 du3	爬 pa1	池 chi2	许 xu3	埋 mai2	刨 pao2	婆 po2	赔 pei2	偷 tou1

续表

i	u	a	ɿ	y	ɛ	ɔ	o	I	ə
弟 di4	杜 du4	怕 pa4	齿 chi3	婿 xu4	买 mai3	跑 pao3	颇 po1	痞 pi3	头 tou2
梯 ti1	姑 gu1	打 da3	刺 ci4	淤 u1	卖 mai4	炮 pao4	破 po4	配 pei4	透 tou4
题 ti2	鼓 gu3	□ da1	狮 shi1	鱼 u2	呆 dai1	刀 dao1	多 duo1	非 fei1	周 zhou1
体 ti3	古 gu3	厦 sha4	时 shi2	雨 u3	歹 dai3	岛 dao3	朵 duo3	肥 fei2	□旋 ze2
替 ti4	顾 gu4	家 jia1	死 si3	玉 u4	带 dai4	道 dao4	舵 duo4	匪 fei3	走 zou3
								车 che1	皱 zhou4
								且 qie3	箧 qie4

表附—8 宁波方言词

a	i	u	o	ɔ	y	ʏ	ø
债 tsa4	舔 tʰi3	阻 tsu3	ko1	撞 dzɔ5	怨 øy4	罪 tsʏ4	团 dø2
咋 dza5	甜 di2	素 su4	遮 tso1	壮 tsɔ4	原 ȵy2	转 tsʏ3	囡 nø2
泰 tʰa4	天 tʰi1	菩 bu2	炸 tso4	装 tsɔ1	元 ɦy5	砖 tsʏ1	囡 nø4
茄 ga2	骗 pʰi4	铺 pʰu4	揸 tso3	掌 tsɔ3	冤 øy1	选 sʏ3	乱 lø5
派 pʰa4	皮 bi2	判 pʰu4	哑 øo3	造 dzɔ5	许 çy3	算 sʏ4	鸾 lø2
排 ba2	披 pʰi1		牙 ŋo2	造 zɔ5	虚 çy1	酸 sʏ1	

e	ɛ	ʮ	œy	ɨ	a	i	u
在 dze5	赚 dzɛ5	树 zʮ5	奏 tsœy1	字 zɨ5	债 tsa4	舔 tʰi3	阻 tsu3
再 tse4	斩 tsɛ1	书 sʮ1	走 tsœy3	资 tsɨ1	咋 dza5	甜 di2	素 su4
宰 tse3	盏 tsɛ3	世 sʮ4	透 tʰœy4	至 tsɨ4	泰 tʰa4	天 tʰi1	菩 bu2
灾 tse1	鸭 ɛ1	趣 tsʰʮ4	头 dœy2	纸 tsɨ3	茄 ga2	骗 pʰi4	铺 pʰu4
帅 se4	馅 ɦɛ5	取 tsʰʮ3	偷 tʰœy1	史 sɨ3	派 pʰa4	皮 bi2	判 pʰu4
腮 se1	苋 ɦɛ4	趋 tsʰʮ1	搜 sœy1	时 zɨ1	排 ba2	披 pʰi1	

表附—9 太原方言词

a	i	u	y	ɿ	ʅ	ɣ	o	ər
嘎 ga1	鸡 ji1	姑 gu1	嘘 xu1	此 Ci3	诗 shi1	革 ge2	柏 Bo4	耳 er3
嗒 da1	嘀 di1	嘟 du1	居 jü1	思 si1	史 shiii3	铬 ge4	伯 Bo2	儿 er2
发 fa1	妻 qi1	猪 zhu1	捋 lü1	疵 Ci1	事 shiii4	葛 ge3	簸 Bo3	二 er4

续表

a	i	u	y	ɿ	ʅ	ɤ	o	ər
巴 ba1	逼 bi1	苏 su1	瘀 ü1	瓷 Ci2	食 shiii2	歌 ge1	波 Bo1	
喀 ka1	踢 ti1	铺 pu1	趋 qu1	刺 Ci4				
他 ta1	批 pi1	窟 ku1	玉 ü4	姿 zi1				
撒 sa1		粗 cu1	雨 ü3					
擦 ca1		夫 fu1	鱼 ü2					
匝 za1		书 shu1						
杀 sha1		突 tu1						
趴 pa1		租 zu1						

表附—10　　　　　　　　　长沙方言词

a	i	u	ɿ	o	e	ə	y
把 pa3	鼻 pi6	菩 pu2	资 tsɿ1	多 to1	杯 pei1	百 pe6	猪 tɕy1
霸 pa4	披 pʰi1	补 pu3	瓷 tsɿ2	驼 to2	培 pei2	魄 pʰe6	除 tɕy2
罢 pa5	痞 pʰi3	布 pu4	紫 tsɿ3	朵 to3	贝 pei4	德 te6	主 tɕy3
大 ta5	底 ti3	步 pu5	自 tsɿ4	堕 to4	背 pei5	特 tʰe6	巨 tɕy4
答 ta6	帝 ti4	不 pu6	自 tsɿ5	座 to5	胚 pʰei1	蛤 ke2	住 tɕy5
他 tʰa1	地 ti5	姑 ku1	雌 tsʰɿ1	夺 to6	呸 pʰei3	给 ke3	菊 tɕy6
家 ka1	笛 ti6	古 ku3	此 tsʰɿ2	拖 tʰo1	配 pʰei4	锯 ke4	区 tɕʰy1
蛤 ka2	固 ku4	刺 tsʰɿ3	妥 tʰo3	堆 tei1	嗝 ke5	处 tɕʰy3
噶 ka3	梯 tʰi1	咕 ku5	斯 sɿ4	唾 tʰo4	颓 tei2	革 ke6	嗫 tɕʰy5
架 ka4	体 tʰi3	骨 ku6	死 sɿ5	脱 tʰo6	对 tei4	剋 kʰe3	出 tɕʰy6
	替 tʰi4						

表附—11　　　　　　　　　福州方言词

a	i	u	ɛ	ɔ	y	œ
疤 ba1	碑 bi1	都 du1	低 dɛ1	玻 bɔ1	猪 dy1	□（用力踢（毽子等）bœ1
妈 ma1	悲 pi1	租 zu1	□（动作迟缓）tɜ1	坡 pɔ1	铢 ty1	□（~~，热；很热）pœ1
礁 da1	知 di1	孤 gu1	西 sɛ1	刀 dɔ1	舒 cy1	□（滑下去）tœ1

续表

a	i	u	ɛ	ɔ	y	œ
他 ta1	蜘 ti1	肤 hu1	街 gɛ1	叨 tɔ1	拘 gy1	呵 hœ1
渣 za1	基 gi1	匏 bu4	溪 kɛ1	梭 sɔ1	区 ky1	□（热气上升）bœ4
加 ga1	欹 ki1	浮 pu4	排 bɛ4	哥 gɔ1	於 Øy1	□（糊涂）mœ4
鲛 ka1	脾 pi4	图 du4	□（黄~：青蛙）pɛ4	柯 kɔ1	除 dy4	□（死（贬义））dœ4
扒 ba1	疲 pi4	涂 tu4	题 dɛ4	婆 bɔ4	锄 ty4	唾 tœ4
茶 da1	迟 di4	糊 gu4	□（勉强对付）tɛ4	婆 pɔ4	瓷 zy4	嘈 zœ4
把 ba1	苔 ti4	赔 pu4	悬 gɛ4	毛 mɔ4	渠 gy4	□（训斥，呵斥）cœ4
打 da1	其 gi4	堵 du1	鞋 Øɛ4	掏 dɔ4	愚 ky4	□（急驰而过）sœ4
绞 ga1	蜞 ki4	土 tu1	摆 bɛ1	桃 tɔ4	如 Øy4	□（闷热）gœ4
霸 ba4	比 bi1	祖 zu1	□（面~：腮帮子）pɛ1	□（~汤：用水稍微冲一冲）gɔ4	贮 ty1	□ kœ4
诈 da1	抵 di1	古 gu1	买 mɛ1	□（痛苦地渡过（日子））kɔ4	煮 zy1	□（牙遇酸或嚼到沙子的感觉）nœ1
榨 za4	耻 ti1	苦 ku1	抵 dɛ1	保 bɔ1	举 gy1	□（起哄）hœ4
架 ga1	纪 gi1	□（凸；鼓起）pu1	体 tɛ1	颇 pɔ1	语 Øy1	□（大舌~）bœ1
敲 ka1	秘 bi1	妒 du1	洗 sɛ1	倒 dɔ1	许 hy1	铲 tœ1
罢 ba4	蒂 di1	吐 tu1	解 gɛ1	讨 tɔ1	雨 Øy1	□（~刀：刮丝瓜皮的工具）cœ1
咬 ga2	米 mi1	故 gu1	矮 Øɛ1	稿 gɔ1	著 dy1	疏 sœ1
	鄙 pi1	腐 bu1	稗 pɛ1	可 kɔ1	注 zy1	苎 dœ1
	死 si1	度 du1	帝 dɛ1	报 bɔ1	处 cy1	
	记 gi2		快 kɛ1	倒 dɔ1	锯 gy1	
			□（拉）gɛ1	套 tɔ1	炬 gy1	
			会 Øɛ1	告 gɔ1	预 Øy1	
				抱 bɔ1		
				道 dɔ1		